U0925281

有话好好说

好爸爸写给男孩的成长物语

杨先放　著

清華大學出版社
北京

内容简介

本书主要介绍爸爸在家庭生活中正面管教孩子的理论与方法，旨在帮助每一位父亲营造和善的氛围，实现父子、父女间的心灵沟通，以培养乐观、合作、自立的孩子。

图书在版编目（CIP）数据

有话好好说——好爸爸写给男孩的成长物语 / 杨先放著 .—北京：清华大学出版社，2017
ISBN 978-7-302-46422-8

Ⅰ . ①有…　Ⅱ . ①杨…　Ⅲ . ①男性 – 儿童教育 – 家庭教育　Ⅳ . ① G782

中国版本图书馆 CIP 数据核字 (2016) 第 023664 号

责任编辑：周　华
封面设计：汉风唐韵
责任校对：王 荣 静
责任印制：刘 海 龙

出版发行：清华大学出版社
网　　址：http://www.tup.com.cn，http://www.wqbook.com
地　　址：北京清华大学学研大厦 A 座　**邮　　编：**100084
社 总 机：010-62770175　**邮　　购：**010-62786544
投稿与读者服务：010-62776969, c-service@tup.tsinghua.edu.cn
质量反馈：010-62772015, zhiliang@tup.tsinghua.edu.cn
印 装 者：北京泽宇印刷有限公司
经　　销：全国新华书店
开　　本：170mm × 240mm　**印　　张：**10.5　**字　　数：**180 千字
版　　次：2017 年 4 月第 1 版　**印　　次：**2017 年 4 月第 1 次印刷
定　　价：28.00 元

产品编号：071763-01

前　言

孩子是什么？孩子是爸爸妈妈生命的延续，也是一个家庭幸福的源泉和未来的希望。在爸爸妈妈心里，都希望孩子能够幸福快乐地健康成长，但是在生活中，并不是每一位爸爸妈妈都能真正了解孩子成长过程中到底需要什么，有哪些变化，他们的心理是怎样的等等一系列的问题，导致爸爸妈妈和孩子不能够有效地沟通交流，也不能够为孩子的生理、心理的健康发育提供最大的帮助，进行正确而有效的辅导和帮助，使得有些孩子在成长的轨迹中，尤其是从儿童阶段进入青春期阶段，出现了一些成长障碍和心理发育不成熟不完善等问题。这些对孩子今后的人生道路，有着不容忽视的影响。

那么如何让爸爸妈妈能够与自己孩子进行有效沟通，在孩子的成长过程中需要了解些什么，注意些什么，如何进入孩子的内心世界，让孩子能够和爸爸妈妈说出自己的心里话、私密话呢？同时，爸爸妈妈如何能够及时地发现孩子会缺些什么东西，该指导些什么呢？这就需要彼此双方的了解，在真正了解孩子的生活、成长的基础上来指导孩子。要走进孩子的天空里，看到孩子在他们的那块天地中的好与坏、苦与乐、哭和笑……这样，就会对孩子多一分理解。另外，“知己知彼，百战不殆”，当爸爸妈妈能真正读懂他们，充分了解他们生活的秘密时，就更便于爸爸妈妈去帮助他们。对孩子成长的关注是一个漫长而反复的过程，尤其是对“叛逆孩子”的关注，花费的时间和精力就更多。爸爸妈妈需要在孩子的心理方面多下些功夫，在孩子心理上找到孩子问题的症结和源头，这样才能对症下药，对于孩子的指导和指引才会事半功倍。

十年树木，百年树人。为了能够让更多的爸爸妈妈和孩子在一起进行有效的沟通，让爸爸妈妈掌握孩子成长过程中需要指导哪些关注点，本人编写了《有话好好说——好爸爸写给男孩的成长物语》一书，希望能够为广大的爸爸妈妈提供帮助，了解孩子的心理世界，帮助孩子健康快乐地成长。

目录

第一章　好爸爸该告诉孩子哪些青春变化

第二章　爸爸如何开发孩子的智力

第三章　培养孩子独立的能力

第四章　好爸爸如何培养孩子的积极心态

第五章　爸爸如何让孩子有个好习惯

第一章

好爸爸该告诉孩子哪些青春变化

我的喉咙是不是长“瘤”了

奇奇今年刚上小学六年级，最近他总是感觉自己的喉咙处有点儿别扭，用手摸一摸，似乎有点鼓鼓的，虽然不痛也不痒，但是感觉总是有点儿不舒服。

一段时间后，奇奇发现喉咙处的“鼓包”越长越大，而且越来越硬，有点儿像骨头的模样，奇奇的心里开始担心起来，这“鼓包”到底是什么呀？会不会是得了什么肿瘤？

这天下午，奇奇把心中的心事说给了同桌乐乐，没想到乐乐也在为同样一件事情而烦心呢。奇奇用手摸了摸乐乐的喉咙处，发现也有一个奇怪的“鼓包”向外凸起。奇奇有点儿纳闷了，难道是得了同一种传染病。

于是，奇奇在课间进行了观察，结果发现班里面大部分男生的脖子上都长出了一块小骨头，于是，奇奇和乐乐暗中分析起来，最后得出了一个统一的结论：“班上的同学们都得了一种‘肿瘤病’”。

令奇奇感到不解的是，为什么班上的女生喉咙处却没有长出这样的“鼓包”，难道女生有天生的抗病功能？

晚上放学回到家，在饭桌上，奇奇心不在焉地吃着饭，心里却想着喉咙上的小骨头。这时，爸爸看到奇奇走神的样子，问道：“儿子，今天怎么啦，怎么老皱着眉头呀，是不是在学校被老师批评了？”

这时，奇奇指指脖子问道：“为什么我们男生脖子喉咙处都会突出一块小骨头呀？爸爸，我是不是得了肿瘤病了？”

听奇奇这么一说，再看看奇奇一本正经的模样，奇奇爸爸忍不住大笑起来：“儿子，这不是肿瘤，这突出的骨头叫‘喉结’，所有的男人都会长喉结，你看看爸爸是不是也有！”说着，爸爸抬起了下巴。果然，奇奇看到爸爸的喉咙处也有一个大大的“鼓包”。

爸爸解释道：“男孩进入青春期后，都会长出喉结，喉结突出，是男人的

性征之一，说明你现在已经开始是一个小男子汉了，这个不用担心，儿子，赶紧吃饭！”

“这原来是喉结啊！”奇奇终于如释重负，听了爸爸的解释，心里还挺高兴！

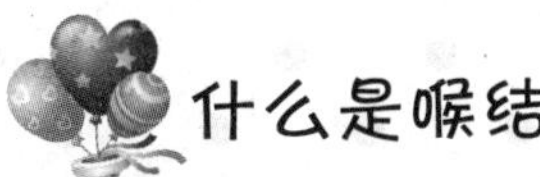

什么是喉结

喉结，是男人生理特征之一，男孩进入青春期后，由于雄激素的作用，会刺激喉软骨继续生长，呈现不同程度地向前突出的现象。人的喉咙由 11 块软骨做支架组成，其中最主要、体积最大的一块叫甲状软骨，左右两块甲状软骨生长交界处就是“喉结”。

为什么青春期会长喉结

新生儿在 2 个月时，喉软骨开始发育，当男孩长到 5、6 岁时，喉软骨生长基本停止，然而到了青春发育期后，由于雄激素的分泌增多，促使了甲状软骨继续生长，左右两块甲状软骨在正中的连接处，就形成了一个凸状物，这就是长出了喉结。它在人体上是对喉腔起到保护作用，由于受到激素水平和不同体质因素的制约，喉结的大小也会因人而异。

【好爸爸成长物语】

男孩子到了青春期后，都会有喉结出现。在青春期前，喉结发育并不明显，但到了青春期后，在雄激素的作用下迅速增大，位于颈部的甲状软骨向前方突出，使喉的前后径增加将近一倍，形成了喉结。喉结的大小会因人而异，有的男孩在青春期时，喉结发育并不十分明显，不易察觉，而有的男孩在青春期喉结发育迅速，向外凸起，孩子往往会认为自己是不是得了什么病，这时爸爸要主动站出来，给儿子进行答疑解惑，消除孩子的恐惧心理。

我是不是要变成猴子了

小胖自从新学期开学后，就一直很苦恼，也不知道是怎么回事，这段时间的身体的毛发生长特别旺盛，腿上、腋下、嘴唇都长毛了，而且呈现出欣欣向荣的状态，就连自己下面的“小弟弟”的周围也冒出黑黑的毛发。

虽然小胖知道，自己会慢慢长大，会和爸爸一样长出黑黑的胡子，但是小胖还是很担心，因为和班上的同学们相比，自己有点儿“不正常”了。因为自己和同学们站在一起，小胖就像一个“小毛孩”一样，一圈浓浓的胡须，就连胳膊手臂上都是一层黑黑的毛发。

由于小胖身体的毛发比班里的男生们都要旺盛和浓密，于是大家给小胖起了一个小外号“黑猩猩”。这让小胖在同学们面前抬不起头了，小胖也不知道自己是怎么回事，为什么和其他男生不一样呢。难道自己真的和同学们说的那样：“是发生了病变了吗？”

小胖从自然科学书本上知道，人类都是从猴子、猩猩进化来的，难道自己是要变回猴子吗？小胖想到这里，心里有点紧张起来。

放学回家路上，小胖一个人边走边想，突然想到了一个主意。回到家里，小胖找到了爸爸平时用的剃须刀，在胳膊和大腿上不停地刮起来。

这时，正好爸爸下班回来，看到小胖正在用剃须刀刮自己身上的毛，急忙制止道：“儿子，你在干嘛呢？你怎么能用剃须刀刮身上的毛呢！”

小胖一脸委屈道：“爸爸，你看看我身上长了这么多黑黑的毛发，同学们都叫我大猩猩了！”

听了小胖的委屈，爸爸好气又好笑地说道：“笨小子，长点儿毛发算什么，男人就是要长点儿毛发，这说明你生长发育良好，营养充足。爸爸还告诉你，你这毛发越刮长得越厉害，所以小孩子现在还不能刮毛。同学们叫你‘黑猩猩’，其实是大家忌妒你呢，他们过一段时间后，也会跟你一样的，那时大家都成了

'黑猩猩'，你就成为了猩猩之王了。"

"呵呵"，听了爸爸的解释，小胖豁然开朗，丢下了爸爸的剃须刀，说道："对，我要成为猩猩之王！"

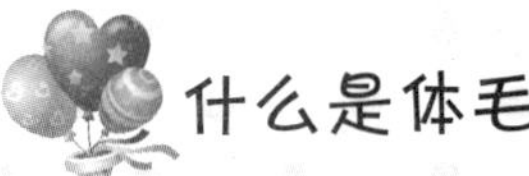

什么是体毛

所谓体毛就是指身体上的毛发，头发、胡须、腋毛、胸毛、阴毛、腿毛等，都是体毛的一种，只是不同的是，这些体毛在人体的不同的时期才会出现。青春期体毛主要指的是胡须、腋毛和阴毛的生长，当儿童进入青春期后，激素水平升高，促进毛发生长，尤其是促使胡须和阴毛的出现。

为什么体毛会增多

青春期时期的体毛突然旺盛生长，主要是受体内雄性激素的作用。男孩进入青春期后，体内的雄性激素大幅度上升，促使毛囊新陈代谢旺盛，毛发快速生长，尤其是在腋窝和阴茎上方长出体毛，开始时可能只有零星的几根，但很快就增多了，同时你会发现腿上和手背上也长出更多的毛，面部的毛通常要等到身体上的毛增多后才开始长起来，嘴唇的周围会出现胡须。

【好爸爸成长物语】

青春期体毛旺盛增长是正常现象，尤其对于体内雄性激素分泌较高的孩子，体毛的生长会更加浓密，这对于刚进入青春期的孩子来说，是一种困扰。这时，作为爸爸，平时要多观察孩子的生长发育情况，对孩子这一时期的心理加以辅导，帮助孩子正确看待体毛的增长。

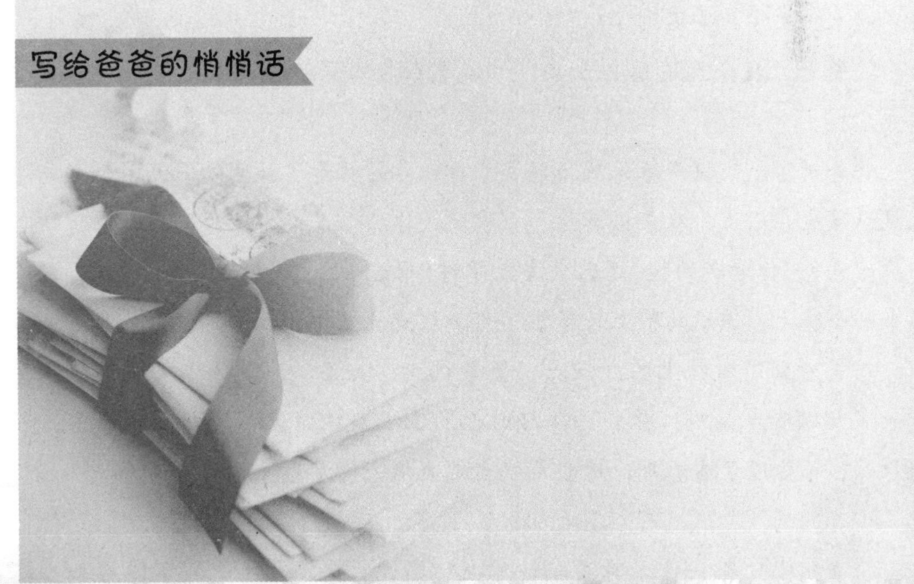

脸上的痘痘

斌斌是一个非常爱美的男孩，平时总喜欢穿漂亮的衣服，梳着时尚的发型，虽然今年才 15 岁，已然有了一个“小大人”的模样。每当斌斌听到有人夸自己：“斌斌的衣服真好看！斌斌今年真帅气！……”斌斌心里会像吃了蜜一样，甜甜的。

可是，这几天斌斌有点儿不耐烦了，最近照镜子发现自己的脸上，出现了很多的红点点。开始斌斌以为是皮肤上发了炎症或者身体上火了，也没在意，可是这些小红点点不仅没有消退，而且似乎有了星星之火可以燎原的态势，在脸上肆意地蔓延开来。

如果整个脸上都长了红点点，那么自己还怎么出去见人呢。这一天早晨，爸爸做好了早饭，迟迟不见斌斌出房间门。爸爸认为斌斌早晨肯定睡过头了，忘记了起床的时间，于是敲了敲斌斌的门：“斌斌，怎么还起床，赶紧吃早饭，再不起来，上学就要迟到了！”

“爸爸，我今天不想去上学！”斌斌在房间里回答，语气里带着一百个不愿意！

爸爸听了斌斌说无缘无故不想去上学，于是推开了房间的门，问个究竟。只见斌斌坐在床上，双手捂着脸。“斌斌，你怎么了，为什么不想去上学？”

“爸爸，你看我的脸，还怎么去上学呀！”说着，斌斌放开了捂着双手的脸。原来一个晚上，斌斌的脸上又多出了好多红点点。

爸爸看到斌斌脸上的红点点，笑着说：“我还以为是什么大事呢！不就是长了几颗青春痘吗？你爸爸年轻时候脸上长得痘痘比你现在多了去了，不用担心，等你过了青春期，这些痘痘自然会消失得无影无踪的。”

“真的吗？”斌斌有点不太相信！

“当然啦！爸爸什么时候骗过你呢！不过你要记住，千万不能用手去挤

它，还有要注意个人卫生，你看你到现在都还没洗脸呢。”

听了爸爸这么一说，斌斌赶紧起床洗脸，吃完早饭上学去了。

什么是青春痘

所谓青春痘，顾名思义就是青春期长出的一种皮肤痤疮，它是一种毛囊、皮脂腺处发炎所引起的慢性炎症，主要发生在颜面及胸背等多脂区，轻微时以粉刺的形式出现，里面有一个白色的小米粒状物，严重时呈丘疹、脓疱、结节出现。

为什么青春会长痘

儿童到了青春期，体内的内分泌系统处于最旺盛的阶段，尤其是大量激素的分泌，刺激了皮脂腺的分泌，由于皮肤上的细菌感染或者毛囊处的皮脂腺分泌过多，均可形成青春痘。青春期的孩子容易受到生理因素、营养因素、情绪因素和环境因素的影响，导致自身的内分泌系统发生紊乱，从而造成了内分泌失调，一般会在脸上和脖颈处长出青春痘，也有长在后背和胸部等部位。

【好爸爸成长物语】

青春期的孩子处在了内分泌系统最旺盛的阶段，同时也是内分泌系统最不稳定的阶段，容易受到各种因素导致的内分泌的紊乱，所以爸爸要关注孩子，在营养上不要让孩子吃太多辛辣的食物，让孩子注意卫生，保证充足睡眠。即便孩子出现了青春痘，也是一种正常现象，对于比较严重的青春痘炎症，爸爸应带着孩子去医院加以治疗。

写给爸爸的悄悄话

内裤上的“豆浆”

“豆豆，怎么还不起床啊，都几点了，再不起来就迟到了！”爸爸一边在厨房里忙活，一边朝着豆豆的房间大喊。

当爸爸把早饭做好了，端上了桌子，豆豆的房间门还没打开。爸爸心里有点儿嘀咕，儿子平时最害怕迟到了，今天怎么了，到现在还没出来。于是，三步跨作两步，推开了豆豆的房门。

就在房门推开的刹那间，爸爸看到豆豆手里拿着一条内裤，光着屁股坐在床上。就在这电光火石之间，豆豆慌忙地把内裤塞进了被窝里，一脸通红的样子。

爸爸看到豆豆的举动，立即明白了什么，原来儿子长大了，从橱柜里拿出了一条干净的内裤放在了床上，说：“赶紧起床！”

晚上豆豆睡觉的时候，发现床头上放着一本书《男孩子的青春期》，其中有一节专门讲的就是男孩子到了青春期，身体发育成熟后，会“精满自溢”，发生“梦遗”的现象。豆豆看完了，终于明白了昨晚到底在自己身上发生了什么，原来是自己“遗精”了。豆豆轻轻地合上书，心里对爸爸充满了感激之情，脸上洋溢着幸福，带着这种幸福感，豆豆甜美地进入了梦乡。

什么是遗精

遗精是儿童到了青春期后，随着青春期的发育，储存的精液越来越多，在没有性生活时发生，会在睡梦中发生自溢出来的现象。

遗精一般发生于青春期性成熟后，大多发生在 12~20 岁，时间早晚与孩子的体质发育情况而异。遗精次数过少或过多都会引起年轻人烦恼，健康未经历过性生活的孩子，每月遗精 1~2 次属正常现象。正常情况下，精力旺盛的孩子一个月遗精 4~5 次是常有的事。若孩子遗精太频繁，一周数次或一夜数次，甚至清醒时也会出现遗精，爸爸应该给予充分关注，找出频繁遗精的原因。

为什么会发生遗精

遗精是正常生理现象，孩子进入青春期后，内生殖器也逐渐成熟，睾丸不断产生精子，附睾、前列腺和精囊腺等附属性腺分泌物构成精浆，精子和精浆储存到一定程度就需要排出体外，精满自溢，这就发生了遗精现象。

【好爸爸成长物语】

孩子青春期遗精，往往不知不觉地发生在睡梦中，早晨醒来的时候，会看到内裤上存在类似“豆浆”的残留物。如果孩子不知道怎么回事，大多第一次会为自己的梦遗现象比较担心，爸爸在这一阶段，应该多关注孩子的成长发育，告诉孩子青春期的知识。有的孩子由于学习压力大导致心理压力大，会出现频繁遗精的现象，这时爸爸应该关注，给予孩子心理上的辅导。

写给爸爸的悄悄话

怎么变成了“公鸭嗓”

明明心里特别苦恼，最近既没有上火，也没有受凉感冒，不知道为什么，嗓子老是感觉有东西，而且说话的声音似乎变成了另一个人，带着点儿沙哑。

这段时间，明明最怕就是老师的提问，尤其是语文课上，老师让自己读课文。明明读了一段，同学们在背后偷偷地笑，让他非常得尴尬。明明害怕自己的嗓子，会永远这样。

晚饭桌上，明明心不在焉地吃饭，还在想着下午读课文的事情。爸爸看到明明心事重重的样子，关心地问：“明明，你在想什么呢？是不是有什么心事。”

“爸爸，今天我读课文，同学们笑话我现在是一个公鸭嗓，我的嗓子是出了什么问题吗？”

明明一脸担忧的样子。

爸爸看着明明的表情，忽然注意到孩子已经开始变声了。原来明明的心事是担心自己的嗓子问题，爸爸有点儿自责，平时忙于工作，忽略了孩子的成长发育。

晚饭后，爸爸告诉了明明为什么会有公鸭嗓，并且安慰明明不要担心自己的嗓子。明明听了爸爸的解释，心里一下子敞亮起来，原来公鸭嗓子是自己成长的缘故。

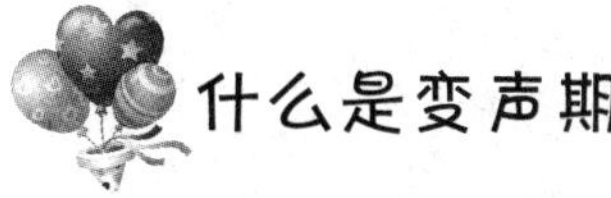

什么是变声期

变声期是指儿童进入青春期后，声带的充血胀大，声门会形成各种各样的缝隙，所以声音也会从稚嫩变得生硬嘶哑起来，男孩子的变声期一般在 14~16 岁，到 18 岁可完成；女生大约在 13~15 岁，最迟到 16 岁左右。不同的孩子，变声期的早晚也不一样，最早变声大约在 9 岁，最迟变声大约在 15 岁以后。

变声期可分为变声初期、变声期和变声后期。

为什么会出现“公鸭嗓”

男孩进入变声期时，喉头、声带会逐渐增长，导致了声音嘶哑、音域狭窄、发音疲劳，甚至会出现局部充血水肿、分泌物增多，从而导致说话、唱歌时的声音与儿童时代不一样，就像有东西堵在了嗓子眼，出现了沙哑的声音，好比公鸭的叫声一样，所以“公鸭嗓”是男孩变声期中的一种特有表现。

【好爸爸成长物语】

孩子进入变声期后，主要表现特征有：声音嘶哑、音域狭窄、发音疲劳、局部充血水肿、分泌物增多等。所以这个时候，爸爸要关注孩子一个时期，告诉孩子要正确使用嗓子，不大声喧哗，不过度唱歌。注意喉部保暖，尤其是冬天，尽量不穿低领的衣服，同时小心感冒，生活中劳逸结合，不仅要积极参加体育活动，增强体质，而且每天要保证充足的睡眠，不熬夜；同时，爸爸还要告诉孩子，变声期是身体发育正常现象，并不会导致一辈子的沙哑，从而消除孩子的心理障碍，让孩子积极地面对生活。

写给爸爸的悄悄话

“小弟弟”怎么突然长毛了

“儿子，今天下班回来路上，看到咱们小区后面新开了一家澡堂，今晚老爸带你去体验体验如何？”老张一边换鞋，一边对着坐在沙发上的儿子说话。

“我不去！”儿子斩钉截铁地拒绝。

“咦，你这孩子怎么了？你以前不是最喜欢去澡堂洗澡吗？你不是一直说澡堂的池子，就像一个大游泳池一样，洗得舒服。今天老爸带你去洗澡，怎么不愿意呢？”老张有点儿纳闷。

“老爸，我不想去，你自己去吧，我在家里洗。”

洗澡间，儿子正在洗澡。老张也准备去澡堂洗澡，临出门前发现洗澡毛巾忘了带，于是，推开了洗澡间的门。就在老张推开门的那一刻，儿子吓了一大跳，神色慌忙地用双手遮住自己的“小弟弟”。在这瞬间，老张看到儿子的“小弟弟”旁长出了一些细细的毛。

这时，老张突然明白儿子不去澡堂的原因，原来儿子长大了，有了害羞胆怯的心理。晚上睡觉前，老张给儿子说了一段悄悄话，告诉了他小弟弟长毛是怎么回事，解除了儿子害羞恐惧的心理。

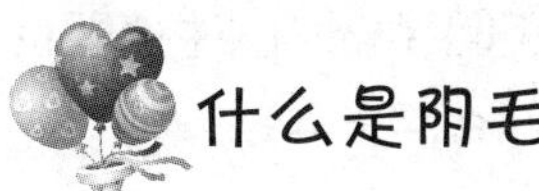

什么是阴毛

外生殖器周围的毛发俗称阴毛，是孩子到了青春期，在外生殖器上长出的毛发，一般呈卷曲扁平状。不仅男孩会长阴毛，女孩也会长。一般来说，女孩子 11~12 岁、男孩子 14~15 岁，开始出现阴毛。男孩的阴毛长在阴茎的根部周围和阴囊周围，女孩的阴毛会长在外阴唇的周围和阴阜上。

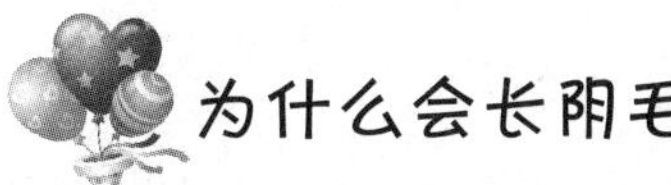

为什么会长阴毛

孩子到了青春期，由于雄性激素的作用，会让外生殖器附近的毛囊变得很发达，促进毛发的生长，就长出阴毛。男孩体内的雄激素是睾丸分泌的，长阴毛是正常现象，为什么女孩也会长阴毛呢。原来女孩女性体内也有一定量的雄性激素，是由肾上腺皮质和卵巢间质分泌的。所以无论是男孩还是女孩，随着青春期体内雄性激素水平的提高，都会刺激阴部毛囊长出毛发，这就是阴毛的由来。由于每个孩子体内的雄性激素的多少不一样，因而也决定了长出阴毛的多少也有差别。有的孩子过了青春期的阶段，会长出一片茂密的“森林”，而有的孩子只长出寥寥几根。只要孩子其他方面都正常，这不是病态，没有什么关系，既不影响身体健康，也不影响婚姻和生育。当孩子出现了这方面的担忧时，爸爸要及时对孩子给予疏导。

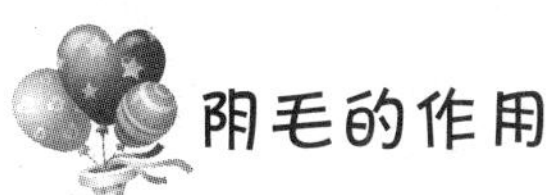

阴毛的作用

阴毛的生长，是为保护我们的身体而长出来的。一般来说，阴部汗腺管较为粗大且丰富，出汗量多，加上部位隐蔽，容易发生透气不良，阴毛的存在，能够吸收这些部位分泌出来的汗和黏液，可以起到“通风换气”的作用。此外，阴毛还有保暖的作用，保护精子、卵子正常生存温度。

【好爸爸成长物语】

阴毛是孩子青春期出现的第二性征之一，表明了孩子的生殖器官正处于发育阶段。当孩子看到自己长出了阴毛，会产生一种害羞和恐惧的心理，尤其对于女孩子，发现自己长出了阴毛，会让自己变得不美丽，但是又难以启齿。当孩子到了这个年龄段，爸爸妈妈应及时和孩子沟通这些生理知识，逐渐消除他们的害羞和恐惧心理。

写给爸爸的悄悄话

怎么做了那样的梦

最近几个月，杰杰差不多隔上一个星期，就会做一个非常奇特的梦：在梦里，他和一个漂亮的女孩进行了拥抱和接吻，甚至还梦到自己出现了性行为。这让杰杰非常苦恼，杰杰是一个认真听话的孩子，平时把心思都花在了学习上，可是为什么老是做这样的“梦”呢？

在梦中，杰杰感受到了一种前所未有的刺激和愉悦感，可是早晨醒来后，发现这是一场梦时，杰杰心里就会非常愧疚，为自己的肮脏的“梦”感到羞耻，强烈的自责充斥心头。

这样的愧疚和自责让杰杰经常神情恍惚，上课也不像以前那样集中精力了，以至于学习成绩突然下降得非常厉害。可是，成绩越是下降，杰杰越是感到是因为自己做了这样的不正经的梦，导致了自己精力分散，影响了自己的学习成绩。越是这样想，杰杰心里越愧疚。

这段时间，杰杰瘦了很多。杰杰的爸爸注意到了杰杰的变化，每次问话，杰杰都支支吾吾地回避。这次爸爸想问个清楚，于是在睡觉前，爸爸和杰杰说起青春期的故事。当爸爸告诉杰杰自己青春期会做春梦时，杰杰不禁说了一句：“爸爸，你也会做这样的梦？”

“对呀！儿子，爸爸也是男人，你也是男子，男子汉大丈夫做这样的梦，是自然的生理反应，并不是什么见不得人的事情，只要我们保持一种正常的心态，不要把它当回事儿，就像平时做梦一样，就好了。”

对呀，原来是这样。杰杰终于明白原来自己一直给自己太大的压力，是因为把这样的梦太当回事了，所以给自己造成了很大的困扰。杰杰把这段时间心里所承受的折磨，全部都告诉了爸爸。爸爸知道了杰杰的“病因”后，鼓励杰杰要有一颗平常心。

杰杰听了爸爸的指导，逐渐把“春梦”这颗大石头放了下来，学习也回到

了正常的轨道。

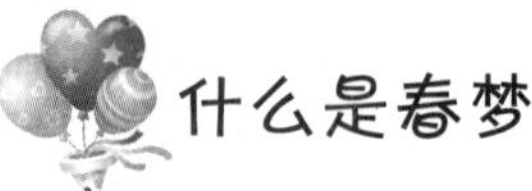

什么是春梦

春梦又叫性梦，是儿童进入青春后，在荷尔蒙的作用下，潜意识里对于性渴望的梦境，表现为自己梦中和某个异性有着非常亲昵的行为，比如拥抱、亲吻或者性行为，等等。

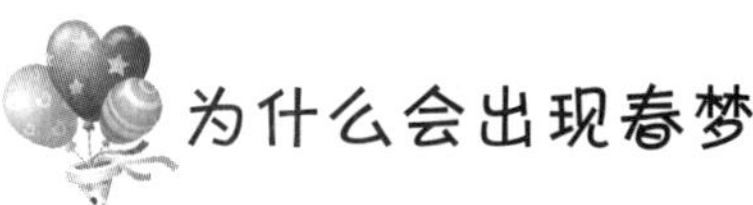

为什么会出现春梦

梦境是人们对现实生活中一种残留记忆的反应，青春期的孩子大多数对性的知识似懂非懂，有的孩子属于非常听话乖巧的人，可是青春期的发育常常带给他很多关于性的信息，这会让他把这些信息暂时地储存在自己的脑海里。由于自己主观地抑制作用，再加上身体本身机能的雄性激素的作用，会让身体找到一个宣泄的突破口，那么就会以梦境的方式宣泄出来，于是就出现了春梦现象。

【好爸爸成长物语】

孩子到了青春期，做一些春梦是很正常的生理反应，爸爸作为过来人，需要关注孩子在这一时期会出现春梦的情况，帮助孩子解除心理上的包袱，尤其是当孩子出现春梦时，会有一种愧疚感和负罪感，会严重影响孩子正常的学习和生活。爸爸应该给予孩子这方面的指导，帮助孩子真正理解“春梦”到底是怎么回事，帮助孩子树立健康的心态。

写给爸爸的悄悄话

为什么总是想她

牛牛是一个听话的孩子，学习成绩在班里一直名列前茅，是一个老师眼里的好学生，爸爸眼里的乖孩子。

上了初三以后，牛牛发现自己最近一段时间总是有一种魂不守舍的感觉，他发现自己老是注意班里一个叫婷婷的女孩。

婷婷是班里的学习委员，不仅学习成绩好，而且人也长得很漂亮，尤其是经过了青春期发育，婷婷变得更加亭亭玉立了。

牛牛心里感到非常不安，难道是自己喜欢上了婷婷，这就是人们所说的爱情吗？牛牛觉得自己这样的想法很不对，现在是学习阶段，而且自己还是一个学生，怎么能去谈情说爱呢。可是，这种感觉往往不受牛牛自己支配和控制，因为婷婷的一举一动，牛牛都会不由自主地去关注。

牛牛心里感到非常害怕，同时也害怕被同学和老师们知道。这件事，像一块大石头，压得牛牛喘不过气来。

这天晚上放学回家，牛牛经过一天的思考，终于鼓起勇气，决定向爸爸坦白一切。当牛牛把自己的思想和行为告诉爸爸时，爸爸看着牛牛哈哈大笑起来："原来我家牛牛有心上人啦！"

牛牛看到爸爸的态度并不是很严肃，心里的紧张顿时减少了一半。爸爸听了牛牛的叙述，知道了牛牛这是在青春期对爱情的萌动。爸爸告诉牛牛婷婷不仅人长得好看，学习成绩也好，自然是人们喜欢的对象，所谓窈窕淑女，君子好逑嘛。爸爸还告诉牛牛，班里喜欢婷婷的肯定不止他一个，现在孩子们都处在了青春期，对异性产生好感是很正常的事情，没有什么不对，更不是一个非常严重的错误，只要保持一颗平常心，保持一种友谊的心态，即便是心里产生了喜欢，也是很正常的。

牛牛听了爸爸的话，觉得很有道理，心里顿时感到了一阵轻松。

什么是青春期的爱情萌动

所谓青春期爱情萌动是指儿童进入青春期后，由于身体的生理发育，带来了心理上的变化，并且在体内激素的作用下，对异性会有一种爱慕的心理。有了这种心理，往往会特别关注异性的一切行为举止，会对异性发生一种想念的情绪，对对方产生一些好感，这就是青春期爱情萌动。

为什么会出现青春期的爱情萌动

孩子出现青春期爱情萌动，是由于雄性激素作用的结果，雄性追求雌性，是一种十分常见的自然本能。进入青春期的男女，女孩一般发育比男孩要早，身体的变化也会早于男孩子，女孩经过发育后，散出来了一种女性的美丽，自然会吸引男性的目光。男孩这时对女孩产生好感，是一种出自本能的生理反应和心理上的悸动，是青春期一种常见的现象。

【好爸爸成长物语】

当孩子出现对女孩产生爱慕之情时，作为爸爸，不能责怪孩子有这种不健康的想法，批评孩子过早地把心思放在男女之情上。相反，作为好爸爸，孩子这个阶段有这种思想，反而是一种心理健康的表现，爸爸要做好引导工作，不能因为这件事情，让孩子的自尊心受到伤害，让孩子的心理产生扭曲，要引导孩子保持良好的心态，不要过分给自己压力，保持一定的距离就可以了。

写给爸爸的悄悄话

怎么哪里感觉都不适

17岁的路飞自从上了高中身体素质就急剧下降：三天两头腹泻、失眠、看不清黑板上的字、浑身哪儿都难受，最让他难以启齿的是夜里总做怪梦，梦中好多次都遗精。他觉得自己对学习也越来越提不起兴致了……

爸爸很快注意到了路飞的状况，判断儿子可能是因为高中的学习压力增大，导致了身体发育出现了亚健康的状态。亚健康状态，又称次健康状态或第三状态，是人体处于非病、非健康，有可能趋向疾病的状态，很大程度上是慢性病的潜伏期。以往，这种现象通常发生在生活节奏快、工作压力大的中年人群中，可是目前，备受此症困扰的主体人群开始向低龄化发展。青少年代替父辈成为了第一发病人群。

什么是青春期亚健康

亚健康指一种处在健康和疾病之间的一种非健康状态，青春期的亚健康大多数是由于心理因素造成的，主要表现为记忆力下降，注意力不集中，思维变得缓慢，反应迟钝，不自信和不安全情绪加重，浑身无力，无精打采等状况。

如何应对孩子的亚健康状况

首先要保证孩子摄入均衡的营养。青春期是体格发育和智力发育的突增阶段，良好的营养将为孩子获得健康的体魄、智慧的大脑而打下坚实的物质基础。那么，究竟哪些营养物质能满足青春期孩子的需求呢？

蛋白质——蛋白质是建造身体的基本材料，它以不同形式存在于人体的每一部位、每一细胞中。除去水分外，人体中重量的一半是蛋白质。一些调节机

体代谢和生理功能的酶和激素、能够增强免疫功能的抗体也属于蛋白质。可以说，没有蛋白质就没有生命。对于生长旺盛的青少年来说蛋白质就更为重要了。进入青春期，骨骼、肌肉、性腺等机体内部的各组织器官都在快速生长、发育，需要大量优质的蛋白质，若供给不足，则体格、智能发育都会受到影响，并容易感染疾病。

脂肪——这里所说的脂肪，其实应当叫作脂类，脂类除包括一般的脂肪外，还包括类脂（如磷脂、糖脂、固醇类等）。脂肪是高热能的营养素，它是人体热能的一种储备形式，必要时随时分解供能（1 克脂肪在体内氧化可产热 37.7 千焦，比等量蛋白质和碳水化物产生的热量大一倍多），为机体所利用；磷脂、糖脂、胆固醇是构成人体细胞膜的主要成分，脑髓和神经组织中也存在大量磷脂和糖脂；脂肪还可促进脂溶性维生素 A、D、E、K 的吸收。

碳水化物——也叫糖类，主要由碳、氢、氧组成，因其中氢和氧的比例为 2 ∶ 1，与水的组成一样，故称之为碳水化物。碳水化物是个大家族，有

很多种类。粮食中含量丰富的淀粉、甘蔗和甜菜中含量丰富的蔗糖、牛奶中的乳糖、蜂蜜中的果糖和葡萄糖、水果和蔬菜中的纤维素和果胶等，都属于碳水化物。

矿物质——矿物质也叫无机盐，在人体内有60多种，它们在构成人体结构、调节机体代谢、促进生长发育等方面起着特有作用。诸多矿物质中，在青春期需要较多也最易缺乏的有钙、铁、锌、碘等。

维生素——维生素是一大类结构不同、性质各异的营养素，它们参与体内各种代谢活动。人体不能合成维生素，必须从天然食物中摄取。若供给不足，就会出现各种维生素缺乏症。

水——食物只有在水中才能被吸收、利用，吸收的养分要通过血液才能到达全身各处，体内的废料要通过水才能排出，正常体温的维持也需要水。在人体中水是含量最大的一种组成成分，青少年体液占人体重量的65%。可见水是生命之源。

其次，要关注孩子的心理健康。爸爸应充满爱心地去对待孩子。如果爸爸只是一味地责骂，就会加剧孩子与爸爸之间的对立，加重孩子的亚健康状态。

【好爸爸成长物语】

作为好爸爸，应主动找孩子交谈，关心其学习，倾听其理想，并加以赞扬和肯定，建立起孩子对爸爸的信赖感，在谈话中了解孩子的烦恼和困惑，对症下药，找出消除其烦恼的正确方法。对孩子进行青春期的健康教育，只要孩子在谈话时涉及了性问题，爸爸都要给予正确回答，不要回避，更不要谈性色变，使性教育在自然而然中适时地进行。总之，爸爸可以帮助孩子从均衡营养、保证睡眠、晒太阳提神、了解生理周期、培养兴趣、户外活动、正视压力这些方面入手，引导孩子健康度过青春期。

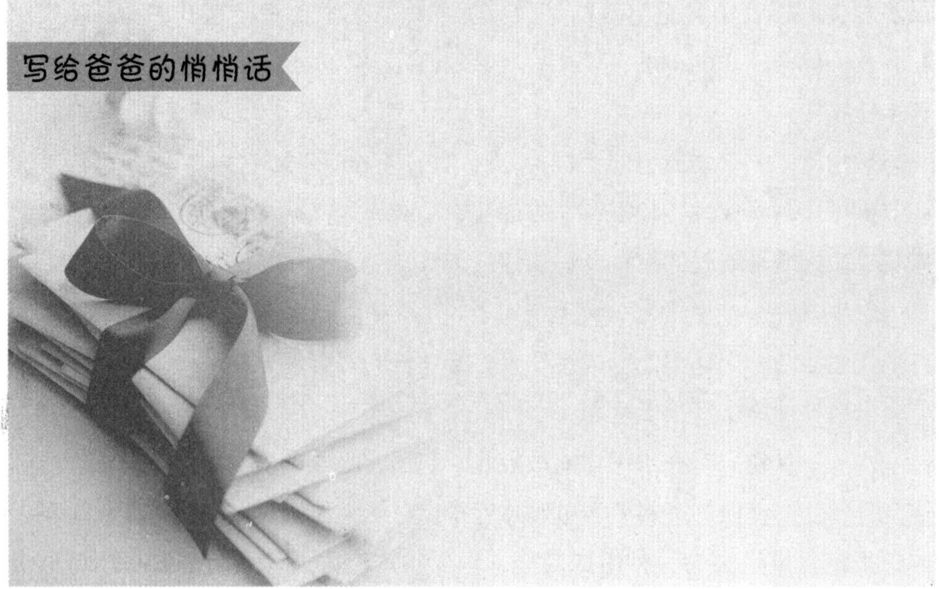
写给爸爸的悄悄话

第二章

爸爸如何开发孩子的智力

让孩子学会观察

明明平时是一个粗心大意的孩子，做什么事都不那么细心。每天早晨起床的时候，随便拿一双袜子，就往脚上穿。这天，爸爸又看到明明的袜子穿错了，于是问："明明，你是不知道袜子有左右之分，还是分不出左右呢？"

明明挠着头，反问说："我看一双袜子就像一对双胞胎一样，没什么区

别呀？”

“真的吗？那你好好观察一双袜子吧！”说着，爸爸扔给明明一双。

明明在沙发上，拿着一双袜子细细研究起来，两分钟后，明明发现了袜子的共同之处和不同之处。它们的共同之处是：都是一边高，一边低。不同之处是：高的一边一个在左边，一个在右边。经过明明的观察发现，高的是大拇指的所在地，低的是小拇指的所在地。明明高兴地对爸爸说：“我知道袜子怎么区分左右啦！原来高的一端是大拇指的位置，低的一端是小拇指的位置，这样就不会穿错了！”

爸爸看着明明，微笑着说：“对呀，你看小小的袜子都有自己的秘密之处，那么在我们的周围有多少秘密等着你去发现呢！只要你细心观察，你会发现身边很多的秘密！许多伟大的发明和发现都离不开细心地观察。鲁班观察带齿的草叶，发明了锯子；牛顿观察落地的苹果，发现了万有引力；瓦特观察水烧开后的壶盖，发明了蒸汽机……这段时间你观察了什么？有哪些新的发现？今后把这些都记录下来，也让爸爸一起来分享你的奇妙的发现和其中的乐趣。”

“嗯嗯，爸爸，我以后一定会细心观察！”明明干脆地回答。

什么是观察心理

观察是一种有目的、有计划、比较持久的知觉活动，观察力是孩子从事观察活动的能力，而观察心理则是让孩子形成一种具有主动意识的，到生活中去观察周边事物的心理活动。

为什么要孩子去观察

从心理学来说，观察力属于一个人的智力层面，俄国生理学家巴甫洛夫经过多年对大脑条件反射研究，说了一句深刻的经验总结：“观察，观察，再观察！”可见观察是一个人提高智商的重要方法，是打开知识宝库的金钥匙。可以这么说，现在的爸爸往往呕心沥血地教孩子去写、去画、去唱、去跳……但很少有爸爸教孩子去观察。很多爸爸不清楚大脑高级思维的建立，大部分来自观察，因此要提高孩子的智商，爸爸对孩子观察力的训练就显得十分重要。

如何教孩子学会观察

1. 培养孩子观察的兴趣

一般来说，孩子都会有观察的兴趣，孩子的观察“品位”要比大人低得多，在大人看来乏味的东西，孩子可能都会有着浓厚的兴趣。比如像秋天树木落叶，冬天池水结冰；鱼儿在水中游，鸟儿在天上飞，等等，这些现象都是接近孩子生活且孩子感兴趣的。孩子喜欢看成群结队的蚂蚁，喜欢待在池边看游来游去的鱼儿……孩子有这些行为是好事，爸爸千万不要以为这“没有看头儿”，或许会给孩子带来危险而阻止孩子。其实这是孩子在观察他们未知的世界，爸爸不但不要阻止，还要鼓励孩子的这种行为。爸爸可以给孩子养一些小昆虫和小动物，让孩子看看它们如何吃食物、如何喝水、如何睡觉，甚至如何交配等。还可以让孩子种一些花草，让孩子看看它们是如何生长的，这样可以使孩子对这个世界更加好奇，激发他们观察的兴趣。

2. 让孩子在观察时学会比较

在孩子观察的过程中，爸爸要适当地给他一些语言提示，引导孩子在观察时学会比较。比如，孩子在观察乌龟的时候，可以问孩子：“乌龟的脑袋像什么的脑袋”“它吃的食物和什么动物吃的差不多”，等等，这样可以让孩子把观察过的东西都在脑海里放到一起，自己加以归纳总结。用这种比较细致的观察比较，可以使孩子记住事物的特点和它们之间的差别。让孩子在观察时学会比较，不仅可以提高孩子对事物观察的细致程度，还可以提高观察水平。

3. 让孩子的观察具有连续性

有很多东西可能让孩子看几分钟就能弄清楚是怎么回事，比如说，螃蟹有几条腿，蚱蜢有几条腿，它们走路的方式是怎样的等。但有的东西要想全面地了解，就需要很长时间，比如蝌蚪变青蛙、蚕结茧变蛹成蛾的过程。这时，爸爸要适时地提示，爸爸可以这样说：“看看蝌蚪的腿长出来了没有”“看看桑叶吃完了没有”“看看茧子破了没有”，等等，在整个事件中，爸爸隔一段时间对孩子做一次提醒，这样来督促孩子观察事物的整个过程。像这样长时间的观察之后，爸爸可以以谈话的方和孩子进行讨论，在讨论中加深孩子对所观察事物的印象。

【好爸爸成长物语】

观察力心理的培养首先是要让孩子接近大自然，培养他浓厚的观察兴趣。当然，我们所说的观察，实施中是和思考相伴随的。尔威特曾经这样说："在教育上与其填鸭式地给孩子灌输知识，不如开阔他们的眼界，培养他们的观察力。"观察是人认识世界的主要途径，大量的感性知识都是通过观察获得的。孩子的聪明才智并不是天生的，它是在对世界万物观察中锻炼的结果。如果培养了孩子的观察力，他们就不会感到无聊、厌倦，相反，孩子会对生活多一些热情和好奇，就会不断地探索观察各种自然现象。培养孩子的观察力，有利于孩子发现问题。引导孩子思考；这样就有利于孩子思维的发展，孩子因此就会变得更聪明。

写给爸爸的悄悄话

满足孩子的好奇心

芸芸是一个充满好奇心的孩子，常常问一些千奇百怪的问题。

有一次芸芸和妈妈到花园里给小树培土。芸芸问：“妈妈，小树为什么还要培土呢？”妈妈说：“泥土就像你每天吃的米饭，小树有了泥土才能成长，长成大树。因为有了泥土，小青草才能生长，牛羊吃饱了，我们才有奶喝，才有肉吃。有了泥土，会长出小麦和棉花，我们才有饭吃，才有衣穿。泥土太宝贵了。”

听到这些话，芸芸疑惑地问：“爸爸，那泥土能不能长出小猫咪来？“不能呀！”妈妈笑着说，“小狗是狗妈妈生的，不是泥土里长出来的。”芸芸又问：“我是妈妈生的，妈妈是姥姥生的，对吗？”“对呀！所有的人都是自己妈妈生的。”妈妈告诉芸芸。

芸芸又问：“那最早的妈妈又是谁生的？”这下芸芸的妈妈被问住了，妈妈为了掩饰自己没办法回答，就回答了一句：“芸芸，你今天怎么了，老是问这些奇怪的问题，下次不许问这么多问题。”

芸芸看到妈妈不高兴了，只好停住了自己的提问。这一幕被芸芸的爸爸看在了眼里，爸爸接过话茬说：“最早的妈妈又是谁生的？是上帝生的！”“那上帝是谁生的呢？”爸爸回答：“上帝是谁生的，爸爸也不知道。小孩子，世界上有好多事情对我们来说是个谜，你像小树一样快快长大吧，你的这些问题等着你长大自己去发现吧，好不好？”“嗯嗯，好的，爸爸。”芸芸高兴地回答，去屋里玩了。

这时，芸芸的爸爸告诉芸芸的妈妈说：“孩子现在正处在对周围的世界探索好奇的阶段，所以你不能打消她的好奇心理，这样不利于她的成长。”

听了芸芸爸爸的话，芸芸妈妈一下明白过来，点头示意自己刚才说错了。

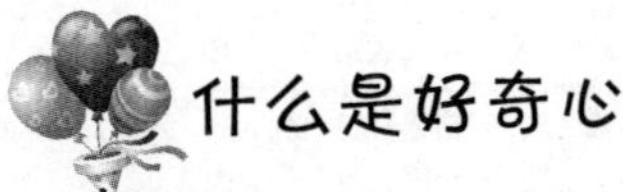

什么是好奇心

心理学认为：好奇心是个体遇到新奇事物或处在新的外界环境下所产生的注意、操作、提问的心理倾向。好奇心是个体学习的内在动机之一，个体寻求知识的动力之源，是创造性人才的重要特征。好奇心是人类的天性，对于幼儿来说，一旦面临新奇的、神秘的、自相矛盾的事物，就会产生三种形式的探究行为：感官探究、动作探究、言语探究。正是通过这些探究行为，幼儿有选择性地了解周围事物，从而能够积累起大量的生活经验。教师应当创设满足幼儿好奇心的环境条件，把幼儿的好奇心引向更高的智力层面。这些探究行为如果能够得到不断的强化与满足，还会逐步内化为个体良好的心理品质。

如何培养孩子的好奇心

1. 正确引导孩子提出的问题

每个孩子大脑中都会有一千个一万个问号，有的孩子不善于提出自己的好奇或者把好奇心埋在了自己的肚子里，这时爸爸需要通过一些策略，创设问题情境，引导孩子发现问题，通过讨论、实验或头脑风暴等方式主动探索。现在的很多爸爸，对孩子的好奇心没有一个正确的引导方式，一是认为孩子对一些事情的好奇是不务正业；二是因为孩子的好奇心具有一些破坏作用，爸爸往往是对孩子的好奇言行和行动进行百般阻挠。爸爸用这两种方式对待孩子，不仅不能满足孩子的好奇心，还会扼杀孩子因为好奇而对未知世界的探索精神，对孩子智力的发展是非常有害的。

2. 及时回答孩子的问题

孩子因为好奇会提出这样或者那样的问题，这也是孩子对未知世界的一种探索。孩子往往会向爸爸提出一些问题，例如：为什么月亮会有时是圆的，有时是扁的，有时还没有？为什么飞机那么大能在天上飞？铁质的轮船能在水上漂浮着？电视里的人吃什么？……对孩子的提问，爸爸切不可默然处之，要注意及时回答，把孩子的好奇心引导到善于分析和积极思考方面来。爸爸对于自己不能理解的问题也不必勉强解释，可以告诉他：这些事，你以后读的书多了，懂得的道理多了，就能理解了，这可以鼓励孩子进一步学习知识。

【好爸爸成长物语】

一个聪明的孩子，他会对世界未知的领域进行思考，对他所注意到的东西总是不停地去探索，这表现出来的就是孩子的好奇心。事实证明，对事物保持好奇心的孩子，兴趣往往都是十分广泛的，就是在一般人看来平平常常的事，对一个有着好奇心的孩子来说，也有着很强的吸引力。孩子的聪明，往往就是在平常中表现出不平常来。因此，要想孩子变得更聪敏，就要满足孩子的好奇心，这样孩子才会变得越来越聪明。

所以，爸爸提高孩子聪明程度的最好办法，就是利用孩子的好奇心，把他引导所好奇事物的更深层，这样孩子就会学到更多的东西，思维也会得到锻炼，从而更聪明。

写给爸爸的悄悄话

让孩子对事物充满兴趣

张睿今年10岁了，成绩很不好，更没有像其他孩子那样有一些特长，他的爸爸是一位音乐老师，于是给孩子买了一把小提琴，希望能从小培养孩子的音乐素养。可是，张睿对小提琴根本没有兴趣可言，他更喜欢在假期和邻居的孩子一起玩捉迷藏、过家家。无论爸爸对他的要求多么严厉，可张睿学起来总是三心二意，心不在琴上，玩性太大。

张睿的爸爸想了想，应该先引起孩子的兴趣。于是他决定从孩子的兴趣着手，从而让孩子带着兴趣主动去学。

每当有音乐会的时候，爸爸就带着张睿一道去听一听，一开始张睿在音乐厅里是坐不住的，但他的爸爸告诉他，让他先不要去听内容，而是看看演奏者演奏完了观众是如何对待演员的。张睿看到，每当一曲终了的时候，观众都会报以热烈的掌声，还有的观众送上一些鲜花给演奏者。张睿似乎很羡慕演奏者这时的风光，这时爸爸告诉他，如果你也认真踏实去学，也会像这个演员一样受到别人的尊敬的。渐渐地，张睿似乎能坐下来听了，有时听见是自己练过的曲子，他还会和爸爸交流一番。孩子对音乐有了一些兴趣。

一天，张睿随意拉了几首曲子以后就再也不愿拉了，这时爸爸突然叫住儿子："孩子，刚才你拉的是什么曲子，你拉的这么好，就是成名的音乐家恐怕也只有这个水平，再拉一次好吗？""当然可以！"张睿高兴地回答。爸爸又趁机让他拉一些其他的曲子。

还有一次，张睿在拉完一曲以后，爸爸对张睿说："你已经拉得这么好了，再过几个月就是你姥姥八十大寿，我想你在姥姥的寿诞上开个你个人的音乐会，姥姥肯定很高兴。""那太好了。"张睿欣然应允。从那以后，张睿起早贪黑地练曲子，到外婆八十大寿时，张睿已经可以娴熟地拉上十来首曲子了。从此，每当家里有人生日或者在节日里，张睿的"音乐会"成了必定的节目，

他也因此爱上了小提琴。

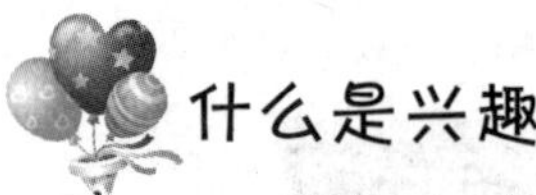

什么是兴趣

兴趣是一种对某种事物产生喜爱兴致的心理表现，对事物喜好或关切的情绪，是个体对特定的事物、活动及人为对象，所产生的积极的和带有倾向性、选择性的态度和情绪。当孩子具有兴趣心理时，对他感兴趣的事物给予优先注意和积极的探索，并表现出心驰神往的心理状态。例如，孩子对美术感兴趣，对各种油画、美展、摄影都会认真观赏、评点，对好的作品进行收藏、模仿；孩子对集邮感兴趣，会想尽办法对邮票进行收集、珍藏、研究。

怎样培养孩子的兴趣心理

1. 孩子多阅读，增加知识面

丰富的知识是长期产生兴趣的基础，因而要培养某种兴趣，就应有某种知识的积累，比如，想激发孩子对诗的兴趣，首先要让孩子接触一些诗歌作品，体验一下诗歌美的意境，了解一些写诗的基本技能，这样就可能诱发出对诗歌习作的兴趣来；如果没有领略诗的艺术和意境，以及对诗的写作技巧等，那么他即便对诗感兴趣，也只是暂时的。

2. 孩子参加一些有趣的活动，培养直接兴趣

要想让孩子产生兴趣，就得让他深入其中，实际和直接地参与，对事物或活动本身的外部特征产生兴趣，对新鲜的事物或内容在感官上产生一种新异的刺激。例如，有趣的游戏活动，能引起孩子参与群体活动，体验社会角色的兴趣；带着孩子参加实践活动，能培养孩子学习实践操作、动手动脑、发明创造的兴趣。

3. 孩子确立一个明确的目的

所谓有目标才会有动力，有了动力自然会产生兴趣。这种目的性的培养是由于认识到学习的意义和价值而激发的兴趣。有了明确的目的，孩子就会有自己的计划，愿意付出实际行动去实现这一目的，在付诸行动的过程中，孩子的兴趣自然就会建立起来。

【好爸爸成长物语】

现在的很多爸爸，不知道兴趣在孩子成长过程中的重要性，孩子的兴趣大都不能得到很好的发展，爸爸更谈不上在让孩子做一件事时，从培养孩子的兴趣入手。

所以说，兴趣是孩子成才最好的导师，孩子有多聪明，有多杰出，离不开爸爸对孩子做事时兴趣的培养。爸爸要记住日本教育家铃木的一句话："没有培养好孩子的大人首先不要发牢骚，应该分析一下没有培养好孩子的原因。"这里的"没有培养好孩子的原因"，就是指爸爸在培养孩子时，没有从培养孩子的兴趣入手。

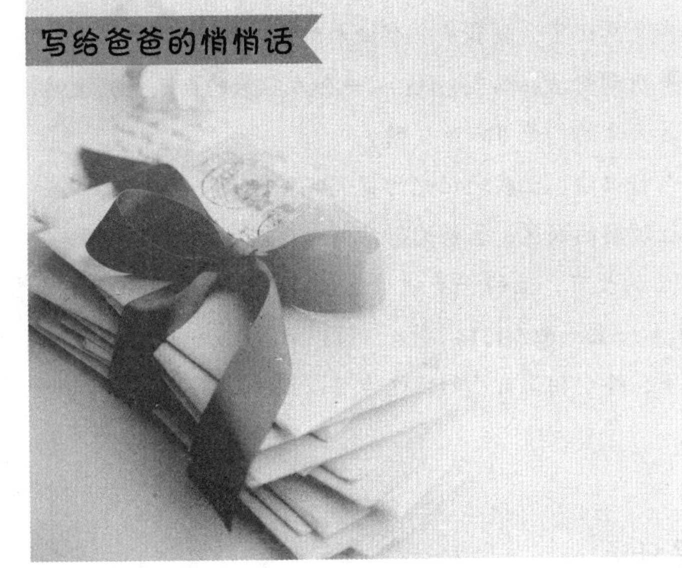

加强孩子的记忆力

舒洁今年 15 岁了，上了初中，可是学习成绩一般，主要由于自己的记忆力差。初中的课程比小学多了很多，老师在课堂上所讲的东西，舒洁只能记住大概三分之一的内容。这让舒洁感到非常苦恼，觉得自己是天生的笨蛋。

因为对于舒洁来说，记忆力的好坏直接反映出一个人的“聪明”程度。舒洁常常自怨自艾，认为自己记性不好，学过的东西记不住，或者平时记得好好的，一到考试就忘了。在舒洁的意识中，人的记忆力的好坏是天生的，就像一个人的智商也是天生的一样，对于这些与生俱来的东西，自己是无法改变的。

有一次考试过后，舒洁拿着试卷唉声叹气道：“这道题明明老师前几天才讲过的，可是一到考试我又忘记了，我真是一个榆木脑袋，天生的笨蛋。”

在一旁看报纸的爸爸听到舒洁在叹气，说：“一个人脑袋的大小是天生的，但是一个人的记忆力不是天生的，是可以改变的。”

“爸爸，那你有什么好办法，让我的记忆力提高呢？”

为了让儿子摆脱自己理解的误区，爸爸为舒洁制订了提高记忆力的方案，比如舒洁总是忘记了自己的生日，他的爸爸就对他说，你生日是 2001 年 3 月 14 日，就是“爱你（20）一生一世（1314）”。舒洁一下子就记住了。

舒洁在爸爸的帮助下，终于相信自己的记忆力可以锻炼提高了，顿时心里释怀了许多。

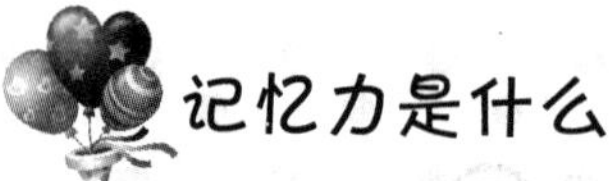

记忆力是什么

记忆力的实质是大脑的即时生理生化反应的重复，可分为短期记忆力、中期记忆力和长期记忆力。青春期的孩子是身体发育最关键的阶段，也是记忆力重新塑造的最佳时期，这个时期的孩子精力旺盛，最有利于大脑的开发锻炼，

大脑的记忆区活动越是纷繁复杂，孩子的记忆心理越是强烈，那么记忆的能力也就越强。

如何锻炼孩子的记忆力

1. 掌握记忆规律，让复习来加强记忆

记忆力有一个特点，就是人们常说的“脑子越用越灵”，包含的意思就是经常记忆的人会提高记忆的能力。“经常记忆”的办法就是对要记的东西不断地进行复习，有句谚语说得好：“复习是记忆之母。”重复有助于巩固所学习的内容，反过来这也会提高自己的记忆力。对孩子复习的引导，爸爸主要是帮孩子找出他最佳的记忆时间。一般地说，把要记忆复习的内容分在几个时段来记忆，这比集中记忆复习的效果要好。有人认为，早晨起床后学习最为有效，因为这时头脑最清醒。有的人睡觉前的记忆效果最好，因为学习后立即入睡，没有什么干扰，可以减少遗忘。每个人的最佳复习时间并不一样，爸爸要让孩子找出自己最佳的复习时间，提高孩子的记忆效果。

2. 引导孩子寓记忆于趣味之中

如果孩子在记忆的过程中，能把要记忆的内容联想到自己感兴趣的东西上来，那么事情就很容易记忆。一个孩子小时候记不住自己的生日，他的爸爸就对他说，你的生日是“爱你一生一世”。孩子不解，爸爸就对他说，你的生日是 2001 年 3 月 14 日，就是“爱你（200）一生一世（1314）”，这是孩子三岁的事。到孩子七岁的时候，一年级老师教学生背圆周率，没想到孩子几分钟就记住十几位。原来，孩子把“3.14159265358979323846”记成“要死邀我，酒儿辣我杀我，罚我七舅三儿，三伯死了”，他用了小时候爸爸教他的方法。可以说，孩子在记忆的时候，能在潜移默化中，把所记的东西联想到有趣味的事情上来，这样就会表现出很出色的记忆力。

3. 给孩子的大脑加营养

好的记忆力需要有良好发育的大脑。增强孩子的记忆力，爸爸安排孩子的饮食要做到科学、合理。尽量给孩子食用大量的天然野生动植物，它们富含大量保持着自然状态的矿物质、维生素、蛋白质等成分。保证孩子吃足够的蛋黄、瘦肉、鱼肉、海产品、水果、豆制品和葡萄糖等。研究人员给一组 5~15 岁、智商在17~77的弱智儿童补充8种矿物质和11种维生素，8个月后，他们的平均智力商数增加了6个百分点，身高增加了2厘米。所以给孩子的大脑增加营养，给他们多吃健脑食物，也是提高孩子记忆力的一个重要步骤。

【好爸爸成长物语】

有的人记忆力好得出奇，这并不是孩子天生的，是因为他们能长年累月地训练自己的记忆力，脑子中的记忆方法越来越多，记忆力就越来越好。因此，要想成功地提升孩子的记忆能力，关键在于要加强记忆方法的训练。所以说，孩子的记忆力需要爸爸的鼓励和培养，如果爸爸想让自己的孩子变得更聪明，就要学会运用不同的方法提高孩子的记忆力。对于提高孩子记忆力的方法还有很多，比如让孩子在理解的基础上记忆、让孩子运用多种感官去记忆和加强身心训练等。爸爸要让孩子在弄懂要记的内容的基础上去记忆；发挥多种感官的作用，增强记忆效果；生活有节奏，劳逸要结合，这些对记忆的提高有事半功倍的效果。

写给爸爸的悄悄话

多给孩子一些赞美

悠悠的爸爸第一次参加家长会，班主任老师说："你的儿子有多动症，在板凳上连三分钟都坐不了，你最好带他去医院看一看。"

回家的路上，悠悠问爸爸，老师今天都向你说了些什么。爸爸想起刚刚老师说的话，全班40位同学，只有他的儿子表现最差，然而他还是告诉悠悠："老师表扬你了，说你在课堂上表现活跃，精神气儿十足，而不像有的同学，一上课就打瞌睡！"

从这以后，悠悠在课堂上虽然好动，但是也积极主动回答问题。

后来，家长会上，老师说："全年级500名同学，这次数学考试，你儿子排在第298名，我们怀疑他智力上有些障碍，你最好能带他去医院查一查。"

走出教室，悠悠问爸爸："爸爸，今年老师是不是说我特别笨，每次数学考试都不及格！"

爸爸对悠悠说："老师对你充满信心。他说了，你并不是个笨孩子，只要能细心些，多努力，进步的空间非常大。"

说这话时，他发现，悠悠黯淡的眼神一下子充满了光亮，一个月过后，悠悠居然进入了年级前40名。

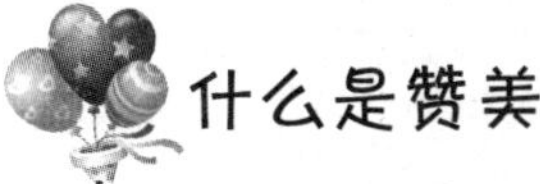

什么是赞美

赞美是发自内心的，对于美好事物表示肯定的一种表达。恰如其分的赞美能使孩子更好地肯定自己。青春期的孩子往往情绪不稳定，容易产生自卑的心理，这时需要周围的鼓励来引导孩子的心理。有了赞美，孩子的内心就会自然产生一种强烈的动力。

如何去赞美孩子

1. 给孩子“打气”

“笨孩子”对待问题反应慢一些，甚至对自己熟悉的事情把握不好，当然，这和他们缺乏自信有关。此时，需要爸爸对孩子进行引导和激励。爸爸可以在事前肯定他们的进步，看到他们已取得的成绩，给孩子“打气”，使他们充满自信地去做事。有了自信和自主，“笨孩子”也会交出一份令人满意的成绩。所以，经常采用这种事前夸奖的方法，可以使能力稍差一点儿的孩子养成自我激励的良好习惯，这样会激发出孩子的潜能。

2. 培养孩子的耐心

“笨孩子”做事普遍缺乏耐心，常常虎头蛇尾。因此，爸爸要在孩子做事的整个过程中，用赏识的态度欣赏他们做出的每一点成绩，帮助他们克服各种

困难，不断地去取得一个又一个的胜利，直到最后的成功。这样可以培养孩子坚韧不拔的品质和刻苦钻研的学习精神。

3. 别让孩子的自尊心受到伤害

“笨孩子”经常会做出各种错事，很多时候是好心办了坏事。孩子的自尊心是很强的，因此，在他们做错了事以后，爸爸要一分为二地评价他们，充分肯定孩子好的一面。这样告诉孩子：“你太有才了。”这可以培养孩子正确的自我评价能力，提高自我教育的心理素质。

【好爸爸成长物语】

有的孩子看起来不聪明。这不是孩子不聪明，而是孩子在自我认知上存在着一定的偏差；或者说是由孩子的自卑造成的表现不好。其实，这些孩子的智商是很好的，是一些其他的因素压制了孩子的智力表现。因此，爸爸在教育“伪笨”的孩子时，用赏识的教育方式，能激发出孩子的巨大潜能，使孩子在学习生活中，表现出聪明活泼的劲头儿来。

生活中更多是这样的孩子：他们的学习成绩很差，就连很简单的题目都不会做；他们不善言谈，行动也没有聪明的孩子那么敏捷；他们往往笨手笨脚，一件简单的事，他们做起来会弄的很复杂……对于这样的孩子，爸爸要及时抓住他们的优点，对他们说：“你真棒！”“做得很好！” “你太有才了！”这样的话对孩子说多了，孩子自然就会得到一种心理暗示：原来自己也不笨，自己也会得到他人的肯定。这种赞赏的教育方式，不仅能激发孩子的潜能，还能让孩子有“我不笨”的心理。相反地，如果某个爸爸当着孩子的面和其他人说“我这个孩子又笨又傻，什么都不会”，如果经常说这样的话，孩子不笨也变笨了。因此，夸奖孩子可以增强孩子对成功的期盼，使孩子感受到自己的聪明才智是努力换来的，孩子就会受到鼓舞而不断进步。

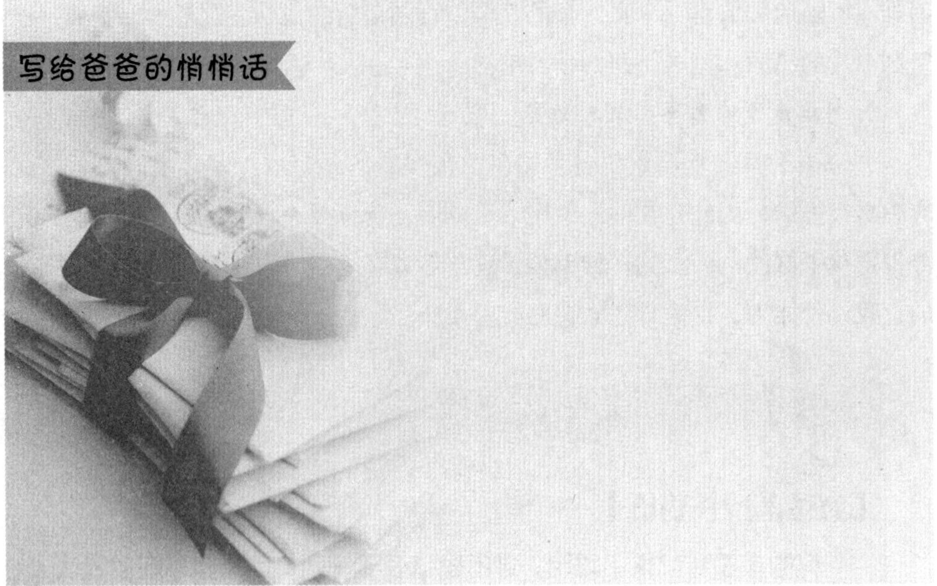
写给爸爸的悄悄话

沿着孩子的喜好引导孩子

英国的费列罗中学都没有毕业。对他而言，学校的生活就是一场噩梦。因为自己的成绩糟糕透了，他经常被同学们取笑，特别是让他当着大家的面背诵课文的时候，诵读困难症引起的同学哄笑，使他尤其尴尬。那时的费列罗没有什么自信，很多人认为，费列罗的智商一定非常低。

虽然学业生涯让他伤痕累累，但他小时候的商业头脑就已经让他显露出“企业家”的才干。一次爸爸送给他一个电动火车玩具，不到几分钟他就把小火车重装了一遍，这下火车可以开得更快了。费列罗规定，如果想观看火车表演，每个小朋友都必须向他支付2块巧克力饼干的“门票”。结果可想而知，一连十几天费列罗都有吃不完的饼干了。

后来费列罗的爸爸看到儿子的确不喜欢读书，而是喜欢经商，于是主动让孩子退出学校，按照自己的喜好出去创业。没过几年，年仅16岁的费列罗就成为一名企业家，在英国媒体的民意测验中，他被评选为“英国最聪明的青少年”。

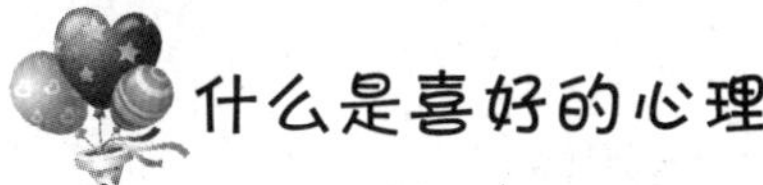

什么是喜好的心理

喜好是一种由内向外的，在维持自身生存之外的得到与占有，更多的是得到情感上的满足。喜好是中等强度的人际吸引形式，也是人际吸引的一般形式。青春期的孩子探索欲望强烈，同时自己的人生观处在形成的阶段，会选择自己喜好的事情。对某事物有了浓厚的兴趣，就会主动去求知、去探索、去实践，并在求知、探索、实践的过程中产生愉快的情绪和体验。

如何满足孩子的喜好之心

1. 让孩子做感兴趣的事情

一个孩子的兴趣一旦被激发出来，他就会愉快地、积极地去认识事物，并自觉地对事物进行探索和研究，从而表现出超凡的聪明才智。牛顿对苹果为什么会落地产生兴趣，因此发现万有引力，随后奠定了物理学的基础；瓦特看到沸水顶起了壶盖，从而发明了蒸汽机，从而加快了整个社会的运转速度；爱迪生有 1300 多项发明，都离不开他对研究的兴趣……牛顿、瓦特、爱迪生等这些人在后来人的心目中是无比聪明的，甚至成为“智慧”的代名词，但聪明的爸爸知道，这些都是因为他们做着自己感兴趣的事情。

2. 让孩子寻找自己喜欢的东西

“三百六十行，行行出状元。”孩子的成长和成才并一定非要通过多读书，拿好的文凭，只要孩子找到真正喜欢的东西，爸爸都应该鼓励他朝这个方向发展，因为这是他最擅长的地方，还是最能调动他主动性的地方，同时也是他最容易成功之处。

【好爸爸成长物语】

在现实中，爸爸可能会遇到这样的现象：两个孩子同时学一样东西，有的孩子学得乐此不疲，而有的孩子却半途而废。能坚持学下去的，正是因为他对所学的东西非常喜欢。科学研究已表明，喜好是提高智商的重要动力。一无所知的孩子是世界的新客，喜欢摸摸这，动动那；喜欢问“为什么”；对世界上的一切感到新鲜、有趣，充满好奇心，并渴望了解这一切。这样，孩子就会对一些事继续探讨、思考，他的智慧水平就会不断提升。

青春期的孩子充满着叛逆的性格，也是他性格最容易偏离的时候，这时候爸爸要充分掌握孩子这时候的心理，让孩子做自己喜欢做的事，发挥他最大的天赋和能力。

写给爸爸的悄悄话

不敷衍孩子的提问

大贝、丽丽、婷婷和小熊是邻居，周末的时候爸爸们带着孩子去郊外野游。这时，大贝突然问："蝴蝶飞的时候为什么没有声音，而蜜蜂飞的时候却发出嗡嗡的声音呢？"对于这个问题，爸爸们给出四种不同的回答。大贝的爸爸会马上显露出不耐烦的神情，训斥孩子说："你一天到晚都在想些什么，哪儿来这么多问题？一边玩儿去。"

丽丽的爸爸对于孩子提出的这个问题并没有引起足够的重视，只是很漫不经心地告诉孩子："蝴蝶、蜜蜂天生就不一样。"

婷婷的爸爸较之前两位爸爸对孩子提出的问题更重视，于是便把原因一字一句地告诉孩子："蝴蝶扇动翅膀的频率慢，所以没声音；蜜蜂扇动翅膀的频率快，所以有声音。"而小熊的爸爸却拿出一张纸条来，先让孩子慢慢抖动这张纸条，没有声音，然后再快速抖动纸条，发出"哗哗"的声音。在此基础上再让孩子思考蝴蝶、蜜蜂扇动翅膀和纸条抖动之间的关系，经过小熊爸爸的指导和孩子的思考，孩子们便得出以下的结论：因为蝴蝶的翅膀扇动得慢，所以不会发出声音；蜜蜂的翅膀扇动得快，所以才会发出嗡嗡的声音。

小熊的爸爸耐心地引导了孩子们：蝴蝶为什么飞起来没有声音，赢得了孩子的喜欢和其他三位爸爸的尊重。

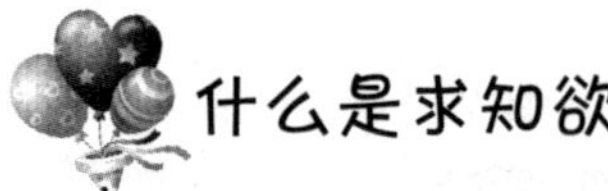

什么是求知欲

求知欲是孩子的一种内在的认知需求。孩子在生活、学习和工作中面临问题，就产生了探究新知识或扩大、加深已有知识的认知倾向，这种认知倾向就逐渐转化为个体内在的强烈的认知欲求，这就是求知欲。

儿童在五六岁时，初步的求知欲开始出现。随着年龄的增长，儿童在学习生活中，特别是在入学后系统地学习知识的过程中，求知欲得到了进一步的发展，到了青春期，孩子的各种欲望都表现得非常明显。爸爸在这一阶段要积极满足孩子的求知欲望。

如何让孩子充满求知欲

1. 抓住孩子的求异心理，鼓励想象

孩子天真无邪，想象力丰富，家长要利用孩子的这一特点，结合情景有意识地诱导孩子去想象。如让孩子想象假如自己到了月球上，会怎样？假如自己在森林里迷路了，又该怎样生存？等等。对于孩子凭借科学的原理，进行大胆地丰富的联想，要给予肯定。孩子进而会想知道自己所想象的事能不能实现，这样就会使孩子产生强烈的求知欲望，积极地探索未知世界。

2. 结合生活中的情景，巧设疑问

这些疑问引人深思，耐人寻味，对启发孩子的思维很有作用。这样可以给孩子心理上造成一种悬念，激发孩子的求知欲。设问要注意方式，好的设问可以点拨孩子的思维，将孩子的思路引向正确的方向。如让孩子看黄瓜经腌渍后，体积缩小并出水的现象，启发孩子对盐的作用的思考。

3. 启发孩子思考，鼓励孩子自己尝试

当孩子渐渐长大有了一定的知识积累后，对于他们的一些问题，成人不必急着将答案告诉他们，可以启发引导他们自己去观察思考与探索，去寻找问题的答案。这样可以让孩子感受到探索的乐趣，感受到自己找到答案的成就感，从而产生更加强烈的求知欲望。例如让孩子观察冬天玻璃窗上一层雾气的现象，让孩子思考有关原理，并引导孩子自己到书中去寻求答案。

4. 创造条件让孩子做些实验

做实验不仅可以锻炼孩子的动手能力，还可以满足孩子的探究心理。在做实验的过程中，孩子可以验证所学到的知识，感受到学习知识的乐趣，并发现新的问题，从而引发新的求知欲。

【好爸爸成长物语】

很多爸爸在和孩子相处的过程中，也都会有这样的经历：孩子头脑里那些不着边际、天马行空的问题常常会让自己感到无所适从，不知道怎么回答才好。其实出现这种情况的原因，大多是很多爸爸在教育孩子时总爱扮演无所不知的角色。

如果爸爸能把自己放到和孩子平等的地位，带领孩子共同去思考和探究，共同去翻阅相关的书籍，即便最后没有把孩子的问题解决掉也不要紧。记住，爸爸善待孩子的提问，并不一定非要告诉他正确的答案，而是为了让他养成遇事勤思考的习惯，并学会自己主动去探究知识。

发掘孩子身上的潜质

毕加索小时候是一个笨孩子。老师认为他根本就不具备学习的智商，好多次跑到毕加索的爸爸何塞面前，说毕加索有“痴呆症”。就连同学们也常常嘲笑毕加索：“呆子，二加一等于几？”面对这种状况，毕加索和他的爸爸陷入了深深的苦恼之中。

在一次偶然的机会,年幼的毕加索不知为什么对母亲大起来的肚子产生了兴趣。

他好奇地问爸爸：“爸爸，里面装了什么？”

“一个弟弟或妹妹。”母亲说。

“谁把他们装进去的？”

“是你的爸爸。”母亲回答。

“那么，爸爸，爸爸是怎么装进去的？”

大人们发出了尖厉的笑声，旁边的两个未婚女孩红着脸跑开了。

没有人再回答毕加索的问题，毕加索更不明白大人为什么会有这样的反应。谁知道喜欢绘画的毕加索却用画笔描绘着自己的母亲，看到画上的爸爸挺着一个大肚子，大人们都笑弯了腰。

但是，他的爸爸何塞理解了毕加索的心理，并从中看出了儿子具有绘画的天赋。于是，他鼓励儿子绘画，并且把他送到当地一所有名的美术学校学习。毕加索得到了爸爸的认可，在绘画时表现出了惊人的耐力，他可以一连几个小时不放下画笔。

他在绘画方面的天赋被发现后，使这样一个连“二加一等于几”都不一定知道的孩子，却在艺术的长廊里与达·芬奇齐名。

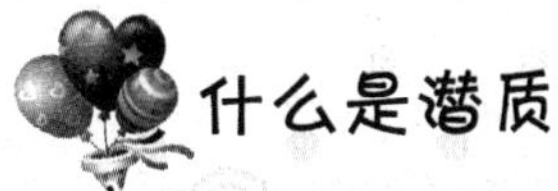

什么是潜质

所谓潜质就是指人身上尚未发掘出来的某种特质优势。孩子在成长过程

中，体内会隐藏某些潜质，尤其是处于青春期的孩子，如果爸爸能够充分了解孩子这一时段的心理，就能正确地找出潜质的发掘点。一旦孩子的潜质被激发出来，那么将对孩子未来的成长产生重要影响。

如何发掘孩子身上的潜质

1. 注意孩子的行为举止

在日常生活中，爸爸要注意孩子的行为举止，观察孩子做一件事或与别人交往中的特征……把这些表现记录下来，就能归纳出孩子的特长，从而来引导他。了解孩子的性格特征和特长后，要给孩子练习的机会。有些爸爸不让孩子做事，爸爸把孩子的表现机会“洗劫”一空，这样，爸爸就无法让孩子展现优势。

2. 要清楚孩子的兴趣

孩子总会对一些事情充满热情，有的孩子是因为一时的好奇，这不是孩子对某事物真的感兴趣，因此要清楚孩子的真正潜质所在。有的孩子一旦对一件事产生了兴趣，他就会坚定不移地关注下去，这是他潜质的最佳发掘点。因此，爸爸要善于甄别什么才是孩子真正的兴趣，从孩子最感兴趣的地方培养。

【好爸爸成长物语】

每个孩子都可能有巨大的潜能有待挖掘，关键看爸爸是否能及时发现。你的孩子或许原本是一匹很好的千里马，但由于你没有及时地发现，没有及时地挖掘好孩子的潜能，使原本很好的一匹千里马，因没有伯乐而默默无闻。当然，孩子的潜能和天赋不会一目了然，而且一个孩子究竟有多少潜能和天赋，没有人能测量和估计得到。它需要教育者去发现和培养。为了发现孩子的潜能，爸爸要对孩子保持赏识的心态和积极的言行。

写给爸爸的悄悄话

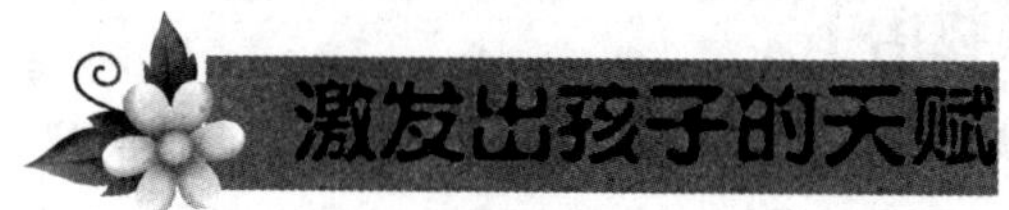

激发出孩子的天赋

周起鸿是香港家喻户晓的“街市大亨”。当初，他的爸爸经营着一家叫“鸿福南货店”的店铺，在结束不久的香港，无数的企业家、商业家、投机家和冒险家，纷纷拥进香港，希望能实现发财的梦想。在激烈的竞争中，这个小店生意惨淡，全家只能勉强糊口。

11岁那年，小小的南货店经营日益惨淡，爸爸决定让他学会早当家。周起鸿小学毕业，因为成绩不理想，爸爸又正缺人帮忙，雇人送货就要付相当高的工钱，爸爸毅然把出外送货这件苦差事让他担当起来，希望能省下些养家的钱来。不久，几个姐姐都远离了香港。于是，经营“鸿福南货店”的担子就落到了儿子的肩上。

然而，店里早就入不敷出，但周起鸿没有泄气，他仔细地分析了小店经营的情况，周起鸿决意改革。他集中店里仅有的资金，增加新的商品，还请来调米师傅，在店中安装了吹米机，让调米师傅用吹米机吹去了大米中的杂物，再一点一点地朝米里滴些生油，生油附着在大米的表面上，使米粒变得晶莹剔透，润如珠玉。米店开门后，顾客看到这样漂亮的米，都赞不绝口，周起鸿就说：“这正是本店独家经营的珍珠米！”消息传开，顾客都争着前来买“珍珠米”，这样，店里其他货物也卖得不错。爸爸看到儿子有着惊人的经商天赋，让小店很快就起死回生，高兴得逢人就说：“我这个儿子不是读书的料，做生意倒肯动脑筋！”

就这样，周起鸿开始迈出“街市大亨”的第一步，那一年，他还不满16岁。其实这一切都源自他爸爸的缘故，在他很小的时候，爸爸小店的经营氛围就对他耳濡目染，在潜移默化中学到了不少东西，这样才使他在家庭变故中力挽狂澜。

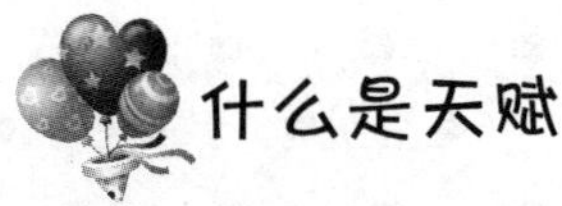

什么是天赋

天赋是一种内在的潜质，有的孩子的天赋很容易被发现，而有的孩子的天赋需要在一定的困境中激发出来。天赋往往都隐藏在孩子的身体里，每个孩子都是天才，只是现实中很多爸爸没有把孩子的天赋激发出来。

如何激发孩子的天赋

1. 给孩子指出一条道路，让孩子自己去走

爸爸可以为孩子指出方向，但是孩子的路一定要让孩子自己去走，在坎坷中孩子会知道如何生存，如何去利用自身的优势，从而发现自己的天赋。

2. 把孩子逼上绝境

培养孩子，在中国爸爸的习惯性思维里，先是计划把孩子打造成一个德才兼备的人，然后让孩子走向社会实现自己的价值，但很多爸爸对孩子“才”的培养往往比较片面，甚至会带点儿宠爱。正确的做法就是把孩子逼上一条绝境，让孩子在绝境中激发出自己最大的潜能，从而认清真实的自己，和自己到底拥有怎样的能力。

【好爸爸成长物语】

孩子的天赋是孩子保存个体生命中的最基本能力，爸爸让孩子有充足的机会，去发现自己的天赋所在，去让孩子学习独立和自我管理，同时坚持一定的规则，在孩子遇到困难时，给予一定的鼓励，让他自己想办法。这可以让孩子从小就学会独立应对各种困难的能力，以适应未来竞争激烈的社会。因此，爸爸给予孩子最大的爱和最大的财富，莫过于教孩子早日脱离爸爸的依赖，去运用自己的某种特质或者特长，发挥出自己最大的潜能。

写给爸爸的悄悄话

第三章

培养孩子独立的能力

强化孩子的自理能力

石油大王洛克菲勒的家族在孩子小的时候就注重自理能力的培养。小洛克菲勒小时候的零花钱是要自己“挣”的，他给爸爸做“雇工”。爸爸平时便要他到田里干活，有时还要他帮着爸爸挤牛奶。他把账目记在自己的本子上，然后再与爸爸一起结算。小洛克菲勒做得很认真，在这中间他感到有无穷的趣味。更有意思的是，洛克菲勒的第二代、第三代乃至第四代，都严格按照这种方法教育孩子。

有一次，老洛克菲勒看到孙子站在梯子上，就逗孩子说：“你跳下来，我把你接住。”年幼的孙子从梯子上跳下来，老洛克菲勒却躲到一旁。孩子被摔得哭起来，老洛克菲勒这时告诉孙子：“别人是靠不住的，什么事只能靠自己。”老洛克菲勒的目的是想把孙子摔痛，让他记住，每一个人都要有独立自主的能力，依靠他人，一定会有被摔的时候。

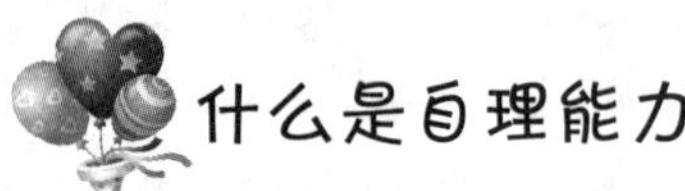

什么是自理能力

所谓自理能力就是孩子能够独自处理自己的一些事物的能力，包括生活自理、学习自理、交际自理等多方面的内容。一般来说，孩子到了青春期的时候，自我独立意识逐渐增强，爸爸应该培养孩子的自理能力，不要事事亲为，而是尝试让孩子自己去做。

如何培养孩子的自理能力

1. 对孩子要有一份耐心

让孩子独立，就是使孩子自己动手去做一些事。孩子一开始不会做，爸爸

往往需要给孩子做一些示范，守在孩子一边指导孩子做，有时还要帮一下孩子。这样做比直接替孩子完成要麻烦得多，这就要求爸爸对孩子要有一份耐心，不急不躁，用点点滴滴的生活小事，来培养孩子的独立能力。

2. 从简单到复杂，逐步引导

对于增强孩子的独立能力，我们对孩子的起点不能要求太高，应要从易到难，从简单到复杂，逐步把孩子导向成熟。比如，先叫孩子洗手帕，再到洗小衣服、大外套，最后让孩子去学洗床单被褥。同样，对于孩子任何一种独立能力的培养，都有一个逐步深入的过程，爸爸切不可在孩子能力的培养上想一口吃个胖子。

3. 按照孩子的能力安排事情

爸爸毕竟有几十年的社会实践经验，孩子与爸爸比起来，在很多方面都是一个在天上，一个在地上。最重要的是，孩子与爸爸的做事能力有着很大的不同，所以，爸爸不要以自己的做事标准来衡量孩子，应该按照孩子的能力安排事情，更不要把自己的想法强加给孩子。在孩子事情的安排上应该量体裁衣，事情太容易，孩子做事缺乏挑战性，孩子做事就会没兴趣；事情太难，孩子完成的困难大，做事就会缺乏信心。让所做的事情孩子“跳一跳就能够得着”，这样更容易锻炼孩子的做事能力。

4. “越不会，越要做”的原则

现在的孩子，生活上的一切打点都交给了自己的爸爸，在家给孩子穿衣、洗澡、端饭，出门替孩子提书包、买车票。孩子逃避做事最大的托词就是“我不会”。因此，爸爸要给孩子制定“越不会，越要做”的做事原则。孩子的潜力是巨大的，爸爸不要总认为孩子还小，不会做某件事，要是孩子不会做就不做，那么孩子永远都不会做。孩子不会做，爸爸可以不要苛求做事的质量，只看孩子做事的态度。

【好爸爸成长物语】

要对孩子的独立意识因势利导，让孩子满足自己独立尝试的要求，培养他的独立性。爸爸也好，教师也好，总之所有孩子的教育者，都应该是一个观察者、引导者和援助者。这样，孩子就有独立生活独立思考的能力，他们有独立思考、独立做事的习惯，从而就会变得坚强自立——这是培养孩子自理能力的第一步。

写给爸爸的悄悄话

让孩子学会面对困境

金宇中生于韩国大邱的一个书香门第。爸爸金容河是一所师范学校的校长，并兼任首尔商业大学教授。但是，随着朝鲜战争的爆发，金宇中的家境也日渐衰落，爸爸带着他和9岁的弟弟、7岁的妹妹留守首尔。

那时的金宇中是一个仅满14岁的少年，又处在战乱时期，爸爸知道如果这个时期没有把孩子教育好，很可能会导致他成为强盗、小偷之辈，于是他决定从小培养孩子正确的人生观和价值观。而这时金宇中也认为自己已经长大，足够为家庭承担一部分的责任。他答应爸爸一定会走正道，去挣钱来养活这个家。

一个炎热的夏天，他看见农贸市场里的人累得汗流浃背，很多人围在自来水龙头旁接凉水解渴。他环顾四周，竟没有发现一个卖茶水的。金宇中心中暗喜，他似乎找到了一条生财之道。他用家里的冷饮机制冷饮到农贸市场去卖，可他卖了一天刚够成本。这种生意就没有钱可赚，他沮丧极了。看着家里人就要被饿死，金宇中心急如焚，去当报童卖报纸挣钱。

他发现躲避战火的北方难民比当地人更喜欢看报，因为他们希望从报纸中及时看到老家的消息。于是，他每天一大早取到报纸后，就最先把报纸送到难民居住区。因为一边卖报一边收钱很费时间，为了抢占客户，他对难民采取了先看报后收钱的办法。他把报纸迅速发给面熟的老顾客，等闲暇时再回过头来一一收钱。这样，他有更多的时间去和其他报童抢占更多的市场。当金宇中卖完自己的报纸后，他会从别的报童手上低价买来报纸，拿到人口密集的地方去卖。这样一来，金宇中卖报纸的收入基本能维持全家的生活了。不久，金宇中成了报童中的领班，他每天取报分发给报童收领班费，再加上自己卖报纸的收入，他拥有双份的收入，这足够让他养活自己这个四口之家了。后来他回忆起这段生活时，总是自豪地说自己是一个贫困而又不平凡的少年商人。

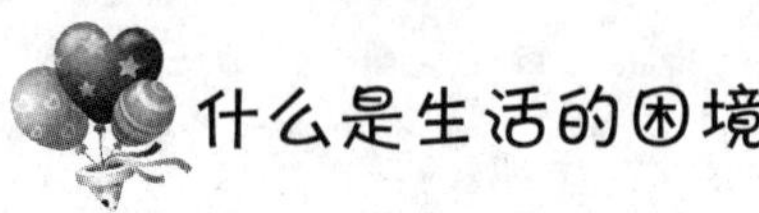

什么是生活的困境

所谓生活的困境就是生活中遇到的种种困难，让自己陷入一种为难的状态。当孩子到了青春期后，有了一定的自主能力，但是抵抗挫折的心理还是比较脆弱的，尤其是现代家庭的孩子，从小娇生惯养，很难面对人生中大的困境，容易被一些挫折所击垮。

如何让孩子正确面对困境

1. 敢于让孩子去做

在现实中，很多家庭都会将全部心血倾注到自己孩子身上，对孩子总是无微不至地关怀。在爸爸的眼里，孩子做什么事爸爸都认为是不安全的。倒水怕孩子被烫着，开灯怕孩子被电着，背包怕给孩子累着，过马路怕孩子被撞着……特别是许多母亲，孩子一离开自己的视线，就会想象出各种危险可怕的情景：一会儿被大孩子欺负了，一会儿游泳给水呛着了等。因为怕孩子碰着、撞着，他们给孩子设置了许多“禁区”：不许摸电器、不让碰炉灶、已经上中学了不许单独坐公交车等。他们不敢让孩子做任何事，事事由爸爸包办。殊不知，这种对孩子寸步不离的看管和过多的限制，令孩子的生活自理能力、自我防范能力、自我救护能力和自我调整能力很难得到增强。在孩子走向社会以后，孩子的自我保护能力也不会太强，更不用说在成长的过程中，孩子能应对身边或多或少存在的各种不安全的隐患了。

2. 让孩子们勇敢去做

在西方一些国家，爸爸似乎不把孩子太放在心上，孩子玩耍时，母亲一般都不会紧盯着，她们只在远处注视着孩子，孩子摔倒了，他们会平静地叫孩子自己爬起来继续玩。而在国内常见这样的情况，孩子玩时爸爸常常紧盯在孩子后面，还大声地喊叫：“慢点儿，当心摔着”“别去了，太危险！”等。当孩子不小心被绊倒时，爸爸赶快上去抱起来，就是孩子没有哭，爸爸在身边都会又拍又哄。许多情况下，爸爸的过分照顾、担心和保护，使孩子各方面的能力不能随着年龄的增长而得到相应的提高，从而使他们优柔寡断，胆小怕事，

缺乏勇敢面对困难的精神，更缺乏自我保护的能力。

因此，要想让孩子在一些危险面前能保护自己，并且在长大后有应对一些危难的能力，爸爸就要帮助孩子从小在实践中树立安全意识，那么，对孩子的“放手”，是对孩子这方面最好的培养方式。

让孩子独自面对困境是一个人在社会中保存个体生命的最基本的能力，让孩子有充足的机会学习独立和自我管理，同时坚持一定的规则，在孩子遇到困难时给予支持和帮助，这些做法有利于帮助孩子学会主动、负责。因此，爸爸给予孩子最大的爱和财富，莫过于教孩子早日脱离爸爸的怀抱，放手让孩子成为一个独立自主的有自我保护能力的人。

让孩子确立正确的是非观

周末的时候，唐唐和爸爸一起去逛商场。在电梯里，唐唐捡到了一个钱包，打开一看，里面居然还有一千元钱。唐唐看到红红的钞票，高兴极了，今天出门白捡了一个大便宜，可以用这些钱买很多好吃的。

这时，唐唐的爸爸看到唐唐想把捡到的钱包里的钱占为己有，问道："唐唐，你在学校的时候，老师没有跟你讲过'拾金不昧'的故事吗？"

唐唐回答道："老师讲过，可是在现实生活中，有多少人做到了拾金不昧呢。况且在这电梯捡到了，又没有其他人看见，别人又不知道我捡了钱包。"

"别人不知道，可是爸爸知道！如果这钱包是你丢的，你此时的心情会是怎样的？"爸爸批评地问道。

"如果是我的话，此时肯定会非常着急。"唐唐回答。

"那就对了，现在你应该知道怎么做了吧？"爸爸问。

"嗯嗯，爸爸，我错了。我们应该把钱包还给失主。那我们怎么找到失主呢？"唐唐问。

"商场里面有广播，我们去广播站吧。"

"嗯嗯，我们赶紧去吧！"唐唐大声答应道。

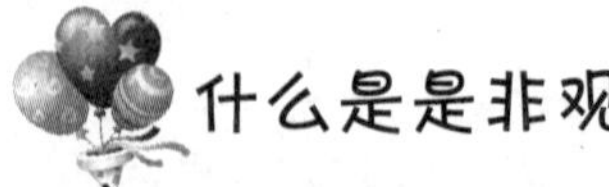

什么是是非观

所谓是非观就是孩子辨别好坏与善恶的一种人生观念，处在青春期的孩子，往往容易受到外界坏的因素的影响，有一种禁不住"诱惑"的心理。他们缺乏认识事物、分辨事物的能力，因此，孩子常会因为自己误入歧途而受到伤害。换句话说，就是孩子抵不住生活中的一些诱惑，有一些事之所以被称作"诱惑"，从字面上可以这样去解析："诱"是诱饵的意思，也就是说

表面上看似很好，很吸引人，但背后却隐藏着“杀机”。

如何让孩子辨别，具有良好的是非观

1. 选择一些正面教材去引导孩子

爸爸在孩子对一些文艺作品欣赏的过程中，要适当给孩子予以辅导，让孩子了解内容的背景，抓住作品的精神实质，而不要错误理解内容。如《历史的天空》这部电视剧，说的是在抗日战争和解放战争的过程中，姜大牙从一个伙计到将军的英雄故事，是一部有一定教育意义的电视剧。但是有些孩子只是看到姜大牙鲜明的叛逆性格，竟把姜大牙的叛逆用到自己生活中去。这个事例告诉我们，孩子在文艺作品欣赏的过程中，爸爸对孩子看什么，怎样看，应该进行指导是多么的重要。孩子在观看影视、阅读文艺作品后，爸爸要和他平等交谈，在交谈中帮孩子分析这些文艺作品的思想性，使孩子正确认识这些文艺作品的主题，让孩子学习正面人物优秀品德，对反面人物行为予以排斥。这样，孩子就会从文化艺术的学习中提高自己辨别善恶的能力。

2. 在生活的小事上提高孩子辨别善恶的能力

生活的一些小事最能锻炼孩子辨别善恶的能力。因为孩子能接触社会中众多的人和事，实践的内容十分丰富，有很多增强孩子善恶观念的资源。例如在社会活动中，孩子为大家做好事了，爸爸就表扬他；如果发现孩子不讲社会公德，爸爸就会立即制止，并且对孩子的错误行为予以纠正……这样，孩子在社会实践的过程中，会渐渐地明白社会崇尚的主流是什么，孩子辨别善恶的能力不仅会提高，而且会身体力行。

3. 利用榜样的作用，激发孩子辨别善恶的能力

在孩子的心目中树立英雄的形象，孩子就会以这些英雄人物为楷摸。这是爸爸最生动、最有效的教育手段之一。榜样是学习、生活各方面的优秀典型。孩子在学习和生活中总是喜欢拿自己和优秀的人相比，希望自己能够像他们一样。爸爸可以抓住孩子的这种崇拜心理，帮助孩子选择一个疾恶如仇的榜样，让孩子运用榜样来激励自己，从而提高孩子辨别善恶的能力。

【好爸爸成长物语】

提高孩子的辨别善恶的能力，这能保障孩子独立时的安全，青春期的孩子容易被外界所迷惑，分不清真正的善恶。这时，爸爸要主动站出来。在孩子成长过程中，可能会遇见很多类似坏的诱惑，爸爸要抓住这个时期孩子的心理，多和孩子沟通，帮助他分辨是非。

让孩子从容应对危险的事

这天晚上，波波和爸爸正在沙发上看电视，突然闻到一股呛人的烟味。波波从沙发上迅速爬起来，趴在窗台上发现，烟是从楼下上来的。

“失火了，失火了，失火了，爸爸失火了，我们赶快逃跑吧！”波波惊慌失措，说着就要扒开窗户，一副准备跳楼的姿势。

爸爸拉掉家里的电闸，立即赶到波波的身边，把一条湿毛巾递到了波波的手上，说：“赶紧把嘴捂上，弯着腰和爸爸一起跑出去。”在爸爸的带领下，波波和爸爸从楼梯的安全通道逃到了楼下。这时消防队员已经赶到，由于火势

不大，很快就被扑灭了。

从这件事情上，爸爸看到了波波对于危机应变能力还缺乏锻炼，遇到危险和紧急情况不知道怎样面对，于是告诉波波今后不管遇到怎样危险的事情，一定要保持冷静，不要冲动，一旦慌乱就会失去理智，反而容易做出更大伤害的事情。

听了爸爸的教导，波波点了点头，为刚才的鲁莽行为感到羞愧。

什么是突发危险事件

突发事件，是指突然发生并造成或者可能造成严重社会危害，需要采取应急处置措施予以应对的自然灾害、事故灾难、公共卫生事件和社会安全事件。在孩子的眼里，世界上的一切都是美好的，他们会因为自己年龄太小、社会阅历太浅的缘故，缺乏对危险事件正确处置的心理，这往往隐藏着巨大隐患。

如何让孩子从容面对危险事件

1. 明确危险源在哪里

孩子明确生活中有哪些危险时，既要让孩子引起足够的重视，又不能让孩子提心吊胆、草木皆兵。孩子要掌握一些生活阅历和经验，什么地方有危险，什么事情有危险，什么类型的人最危险，这都需要孩子去了解掌握。爸爸在口传心授的同时，还可以通过引导孩子看有关安全教育方面的电视和书籍，让孩子明白生活的危险都藏在哪里，这样可以提高孩子的安全意识。

2. 教会孩子自我防护的方法

最重要的就是教会孩子应对危险的方法。在西方，孩子在学校首先要学的就是如何应对危急情况，学校会在不同情况下不定期举行逃生演习。而在中国，类似这样的教育往往被人们所忽视，只是举行一些逃生方面的讲座，孩子们往往会把这当作一场娱乐活动来对待。因此，孩子的安全意识非常淡薄，逃生的知识也异常地缺乏。据专业的消防人员介绍，在中国发生的几场著名的火灾惨剧中，有很多人如果有逃生的常识，他们完全可以在灾难中幸存，但遗憾的是，由于他们缺乏逃生的知识而被大火吞噬了生命。

【好爸爸成长物语】

在日本的教育中，人们非常重视对孩子安全意识的培养。日本是一个多地震的国家，孩子在小的时候，就注重培养在各种险境下逃生的意识和技巧。他们让孩子警惕生活中随时可能发生的危险，例如，在一个人群拥挤的公共场合，一个日本人首先想到的是它的逃生通道在那里，总是以这种警惕的心态来应对。所以爸爸要学习日本人这种教育孩子的方式，有意识地加强孩子的自我保护意识。爸爸可以根据孩子年龄的不同，有的放矢地进行安全指导。

总之，爸爸要让孩子警惕生活中的危险，懂得自我保护的意义，掌握自我保护的方法，天有不测风云，如果孩子能从容应对各种危急的情况，那么他的独立能力就足够让爸爸放心了。

写给爸爸的悄悄话

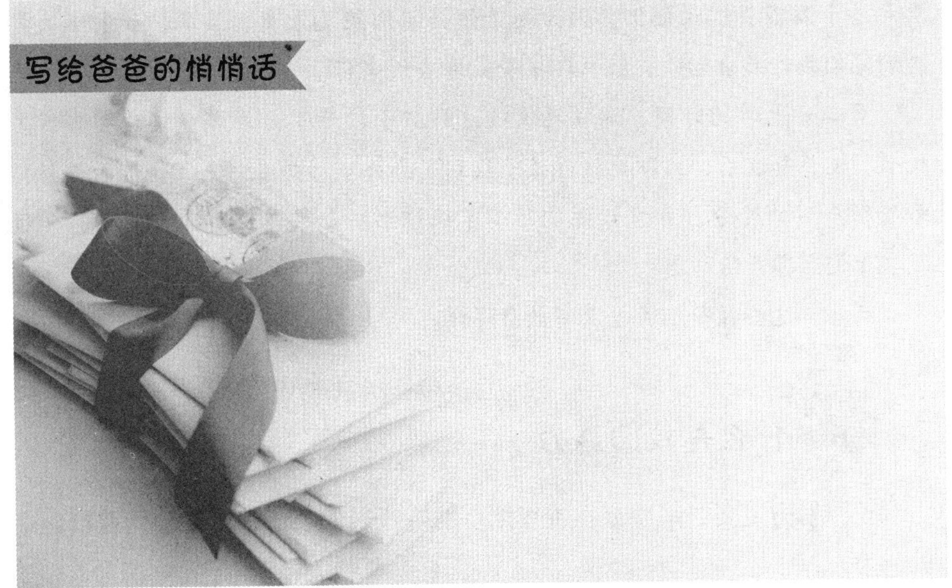

让孩子远离校园暴力

洋洋就读于安徽阜阳的某所中学，在这所学校里有6个男孩子，他们对外号称“降龙伏虎帮”。见了面从来不叫名字，都是喊外号，什么“小矮个”“大鼻子”等。学校里经常有些学生被他们追打，打完了还威胁他们不准回家告诉家长，更不准告诉老师。

其中，洋洋就是受害者之一。洋洋是一个性格温顺的孩子，经常被这帮孩子欺负。这天回家洗澡的时候，爸爸忽然发现洋洋背后有一大块瘀青。在爸爸一再追问下，洋洋道出了事情的前因后果。原来在前几天，学校里这帮孩子向洋洋收取保护费，洋洋没有给他们，于是就被他们暴揍了一顿。

听了洋洋的描述，爸爸知道儿子在学校遭遇了校园暴力。首先，爸爸告诉洋洋千万不要惧怕他们，因为越是怕，他们越是欺负；第二，如果下次再遇到他们敲诈或者动手，就立即报警或者告诉老师。

第二天上学的时候，洋洋再次被这群孩子欺负了，洋洋直接跑去告诉了校长，校长知道后，立即把这群孩子找到了办公室，并且叫来了他们的爸爸，给了很严厉的处分，并且让他们写下了保证书：如果下次再欺负同学，学校将把他们立即开除。

从此，这些孩子们再也没有欺负洋洋。

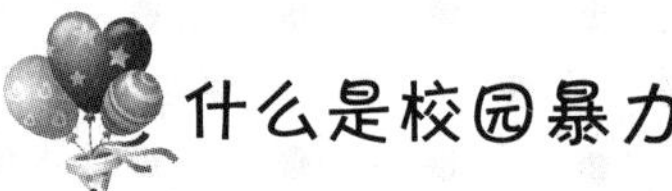

什么是校园暴力

校园暴力主要是一些处在青春期，性格叛逆的孩子，在同学间欺负弱小的行为。

校园暴力多发生在中小学，这个时期正是孩子的青春期，容易冲动、叛逆，英雄主义和自以为是，被欺负孩子会对成长造成心理问题，影响健康，甚至影响人格发展。

如何让孩子不惧怕校园暴力

1. 给孩子安全感

一个能规避校园暴力的孩子，他一定也是一个安全感十足的孩子。也就是说，孩子在学校一旦有了安全感，他就会敢于面对校园暴力，他们在同学面前就会有一份自信、自立和自强。一般，校园暴力的受害者往往都是那些心理懦弱的孩子。因此，爸爸要给予孩子足够的安全感。

如何建立孩子在学校的安全感呢？主要是要给孩子提供一个安全稳定的学校环境。比如，孩子在学校遇到困难向爸爸求助时，爸爸能及时到校并给予妥善处理。爸爸要让孩子知道哪些事情可以做，哪些事情不能做，使他们知道如何遵循做人的准则做事。孩子懂得自己行为的自由和限制，才能获得真正的安全感。孩子有了安全感，在学校里生活得才会更踏实。

2. 对孩子多加关注

爸爸对孩子的学校生活有了关注，孩子在心理上就会觉得多了一份支持，这样就会提高抗击校园暴力的能力，因此，爸爸要对孩子多加关注。比如，孩

子身体有不明伤痕、对校园事情言辞闪烁、拒绝上课等异常的行为，爸爸应给予关心，并试探询问校园近况，这样能防止校园暴力的进一步升级；和老师常保持联系，定期打电话询问孩子近况，建立亲师沟通管道，一旦发现孩子行为改变能及早处理；和孩子相处较不错的同学及其爸爸熟悉的，保持密切联系，这样可通过其他人，了解孩子在校园中的情况。

【好爸爸成长物语】

在孩子面临校园暴力侵害时，更多的孩子都会忍气吞声，就是有人过问，受欺负的孩子也会三缄其口，他们害怕家长对事情处理得不彻底，可能会导致更大的报复。另一个原因就是被欺负的孩子死爱面子，因为一告诉老师，势必很多同学都会知道，这就等于向同学宣告自己的懦弱。告诉爸爸也不行，孩子都不想让爸爸知道自己在学校“混得不好”，如果爸爸知道自己在学校被欺负而又无力反抗，这在面子上会让孩子觉得很难堪。因此，在面临欺辱的时候，很多孩子都会选择沉默。

所以，孩子在这种心理背景下，爸爸要想孩子避免校园暴力的伤害，就要让孩子敢于及时地把自己遇到的情况反馈给爸爸，敢于向家长求助。这对于孩子来说是心理上的一道坎，让孩子迈过这道坎，孩子就会减少或避免被校园暴力侵害的机会。所以要鼓励孩子及时向爸爸求助，让孩子明白，求助也是一种自我保护的能力，他并不是一个人懦弱的表现。爸爸要给予孩子足够的信任，让孩子相信，大人能彻底处理好他与对方的冲突。爸爸得知事实后，要是采取退缩或息事宁人的态度，或直接到校找到暴力一方或其爸爸理论，这会让孩子更担心自己的处境，孩子就不会向爸爸求助了。若孩子已遭受校园暴力，爸爸需帮助孩子排除心理阴影，并保护他免于再度受到伤害。爸爸需跟随孩子的状况，给予孩子情感支持，让孩子更加认识到求助的重要性。

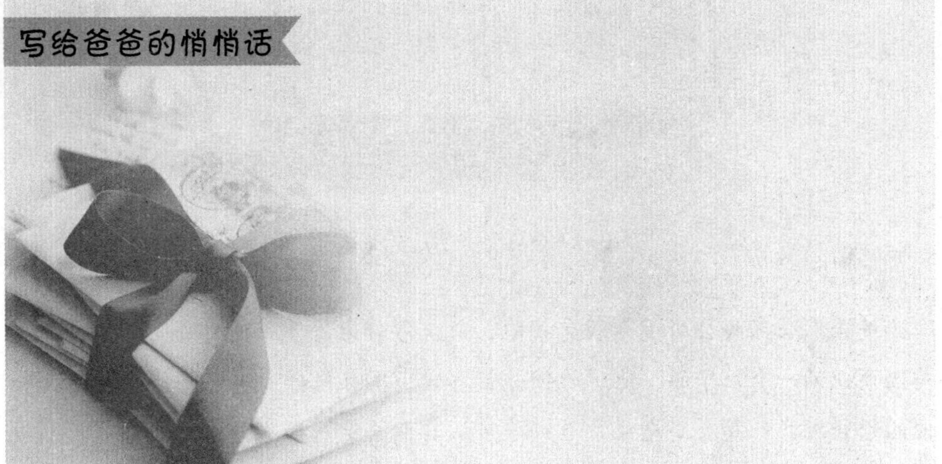
写给爸爸的悄悄话

让孩子吃一些苦头

美国联合保险公司董事长克莱蒙，正是靠着他勇于正视失败的精神才成为美国商业的一个巨子的。他小时候非常喜欢下国际象棋，那时，他每天都要和他的爸爸对弈一局。小克莱蒙下棋非常认真，总是一丝不苟地走好每一步，偶尔，他也能凭实力赢上爸爸一局，但在更多的情况下，都是爸爸为培养他对国际象棋的兴趣故意输给小克莱蒙。可不久他的爸爸发现，每当赢棋的时候，小克莱蒙总是高兴地跳起来高喊："我是第一！我是第一！"在这样的鼓励下，小克莱蒙进步虽快，但他很快也变得目中无人了，有一次他竟然轻蔑地对他的爸爸说："爸爸，你已经不是我的对手了，再跟你学，我不会有什么进步了。"

这时的爸爸才意识到自己对孩子的鼓励过了头，要把孩子的嚣张气焰尽快扑灭，不然，孩子过于自负，以后就会经不起挫折。

为了培育孩子能有直面挫折的心态，一天晚上，爸爸在与小克莱蒙对弈中，小克莱蒙被杀得落花流水。一盘，两盘，三盘……每盘不到半个小时，小克莱蒙就被爸爸收拾了好几盘。爸爸每次赢棋后，他也学着小克莱蒙的样子高呼："我是第一！我是第一！"这时小克莱蒙的脸总会涨得通红。小克莱蒙这时才明白，自己的棋艺才是初步阶段，根本不值得自己夸耀，更让小克莱蒙明白，只有败给爸爸后，自己才能继续在爸爸那里学到更多的东西。

爸爸用类似这样的方式来培养小克莱蒙面对挫折后的正确态度，使小克莱蒙长大后在自己的事业上能屡败屡战，最终成为一个优秀的人。

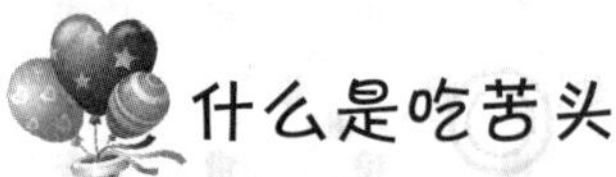

什么是吃苦头

所谓的吃苦头就是孩子在成长过程中，遇到挫折或者吃亏，经历一些逆境和麻烦，感受到坎坷中的痛苦，这就是吃苦头。

如何让孩子吃得起苦头

1.“忆苦思甜”教育

“忆苦思甜”教育，就是有意让孩子去吃苦受罪。爸爸可以把孩子带到贫穷的农村去，让孩子在那里与当地人同吃同住，感受困难的生活，以此使孩子体会到自己生活的不易，让他更加珍惜自己的生活。在日本，爸爸常常仿照当年贫困时期的生活，让孩子吃一些粗糠饭，让孩子体会到生活中不仅仅是只有富余，更有饥饿和贫穷。

2.让孩子参加一些“危险”的运动

很多爸爸不愿意看到孩子因为运动而受伤，因此禁止孩子做一些富有挑战性的运动，他们不知道，这样会对孩子看待困难的心理产生不利的影响，会自然地在孩子心里滋生一些畏难的情绪。因此，让孩子做一些富有挑战性的运动，在险境中学会应对挫折的办法，孩子能锻炼孩子的勇气和胆量。例如，在带领孩子登山时，可以让孩子自己选择登山的方向和线路，让孩子自己学会攀缘；在游乐场，可以让孩子自己单独坐过山车等，玩一些惊险刺激的娱乐项目。

3.对孩子小气一些

对于孩子的挫折教育方法可以说是无处不在，但对于今天的爸爸来说，他们大都只有一个宝贝孩子，要让他们对孩子小气一些是很难做到的。但在德国，

爸爸对孩子是很“小气”的，他们根本不会在穿着和饮食上对孩子像中国爸爸那么大方。他们不给孩子买名牌服装，不给孩子吃高档食品，不带孩子进豪华饭店。孩子外出游玩，爸爸只会给孩子带一些便宜实惠的面包而已。

【好爸爸成长物语】

现在的孩子，都是在蜜罐里长大的，他们缺乏的就是这种“磨难教育”，要使孩子优秀，这需要对他们进行适当的挫折教育。因此，爸爸要让孩子多体验一些挫折，以此来锻炼孩子应对困难的能力和心理，这样的孩子在长大后才能应对得了激烈的竞争和复杂的社会。

在现实中，我们的爸爸只注意智力因素的培养，忽视了非智力因素的培养。殊不知，对孩子有求必应，处处溺爱，这并不是爱孩子，而是害孩子。优越的生活容易使孩子懒惰、意志不坚强，还会扼杀他们的奋斗精神，对孩子的成长无益。因此，爸爸必须给孩子上好挫折教育这重要的一课。

写给爸爸的悄悄话

培养孩子的耐心

林肯出生在一个正值败落的家庭里，虽然家里是一贫如洗，但贫穷并没有使林肯的母亲放弃对孩子的期望，疼他、爱他的母亲企望林肯长大后能有所作为，当然，母亲把对孩子的期待也转化到自己的行动中来，在林肯刚刚上学时，他的母亲就因势利导，注意培养孩子各方面的品质，其中孩子要有耐心更是她培养的重点。

林肯的母亲总会花心思设计一些游戏来从中教育孩子，有一次，母亲又给小林肯策划了一个别开生面的游戏。

在烈日炎炎下的海边沙滩上，母亲在预先划定好的区域里撒下好几斤豆子，这些豆子对于家里来说也是一笔不小的财产，她要小林肯务必一粒不剩地捡回来。在这松软的沙滩上，如果稍不留神就有可能把大豆踩入细沙中，小林肯只有在沙滩上耐心地捡拾，才有可能把所有的豆子捡回来。只有在完成任务后，作为奖励母亲才让他喝上一些茶水。

有时，爸爸还让他做穿针的游戏。母亲发给小林肯一把针眼儿特别细小的绣花针，让他在行进着的马车上把它们一一穿在一根又细又软的丝线上，完不成任务就不准下车。林肯被逼得眼花缭乱、头昏脑胀，一不小心还会扎破了自己的手指。但是，林肯还是咬着牙硬是把所有的小针穿成了非常漂亮的一长串儿。

林肯母亲让林肯做的另一个有名的游戏就是“为岁月签名”。又是在一个烈日炎炎的午后，他让小林肯提着水桶，用水把自己的姓名用羽毛笔在晒热的大理石地面上写365遍。火辣的太阳令林肯写的字马上就干了，但认真的林肯随干随写。他先是弯着腰写，后来又蹲下写，再后来索性坐下来写，到了最后，进入某种状态的小林肯竟然忘记了艰辛和干渴，自己的名字也越写越流畅、越写越好看了。

他的母亲常常这样语重心长地告诉他：在生活和工作中，许多不能成功的例子，都是因为失去应有的耐心半途而废造成的。因此，耐心是考验一个人毅力和意志的试金石，耐心是成功和失败的分水岭，无论从事什么行业或事业，谁持之以恒、耐心细致、锲而不舍，谁就是最终的成功者。

可能正是因为母亲小时候培养了林肯的耐心的品格，才使得他后来在政治上有着超人的耐力，在多次失败以后，依然执着追求，最终入主白宫。

什么耐心

什么是耐心，对于孩子的学习来说，耐心就是坚持，这会使孩子有更多的学习时间；同时，耐心使孩子做事更踏实，这是学习最基本的保证。因此，爸爸要从小注意引导孩子养成耐心的品格。

如何培养孩子的耐心

1. 给予孩子监督指导

培养孩子的耐心，爸爸要有意识地设置一些事情来锻炼孩子，在孩子做事的过程中，爸爸要对孩子进行监督指导，这种监督指导主要是要爸爸在关键时刻给予孩子某种提示，比如当孩子碰到难题灰心丧气的时候，孩子会因为耐心不足而偷懒，这时爸爸要适时地给孩子以鼓励和严格要求。孩子从小就这样坚持下去，孩子的能力就会慢慢地提高，习惯就会慢慢地养成，孩子的耐心也就会有了。

2. 让孩子重复做一件事情

孩子成长过程中，尤其是进入青春期阶段，性格容易冲动，缺乏耐心，做事情喜欢急于求成。爸爸要想改变孩子这时候的心理特点，就需要告诉孩子成长中有些事情往往不是一蹴而就的，甚至欲速则不达。当孩子急躁、没有耐心时，爸爸可以选择让孩子重复做同样一件事情，来磨炼他的意志。

【好爸爸成长物语】

耐心是孩子抵抗挫折的关键因素之一。培养孩子的耐心，不仅可以帮助孩子学好功课，而且对孩子未来的发展也会大有裨益。但是，现在很多孩子都没有足够的耐心，他们做事虎头蛇尾，对困难更是浅尝辄止，因此他们做不好任何一件事。

就对待失败的心态而言，耐心能使人在失败面前多一份毅力，在失败面前多一些沉稳，在失败面前多一份宁静……它使人不受以前的失败所干扰，踏踏实实地做好当下的事。这种心态是优秀者所必有的。

让孩子学会坚强

梁致远是一个品学兼优的孩子，从小学一年级开始，就是他们班的班长，每次考试门门都在95分以上。在学校和同学的眼里，他是天之骄子，老师们也常拿他作为同学学习榜样，在同学们面前夸奖他聪明、好学而且勤奋。

小学毕业时，梁致远以全校第一名的成绩考进了全市唯一一所重点初中。当跨进重点中学大门的那一刻，他的心里甜蜜蜜的。爸爸为了奖励他，还带他专门去了一趟海南，玩了一个星期。

开学那天，学校要进行一场新生入学考试，也是对所有新生进行一次摸底测试。当考试成绩出来时，梁致远是第36名，全班共45个学生，他的名次是全班倒数前十名。当老师宣读出他的名次时，梁致远有一种五雷轰顶的感觉，心里那种满满的骄傲和自尊瞬间崩塌，心情仿佛是从山顶一下跌入了万丈谷底。

周末放假回到家时，爸爸问："儿子，进入学校的第一个星期感觉怎样啊？"

听到这句话，梁致远积累了一个星期的委屈全部爆发了出来，两行泪水喷涌而出，哭诉道："学校摸底考试，我却考了全班倒数。"

爸爸看着梁致远的样子，对他进行了安慰。

可是，这次考试却给梁致远一个沉重的打击，从此他不再如同以前那样自信满满，而是做什么都畏首畏尾，生怕别人瞧不起，也不怎么和新同学交流，最后导致了他的成绩越来越向下滑。

期中考试时，梁致远考了全班倒数第二名。爸爸知道后，系统分析了儿子的原因，最后发现儿子输给了自己脆弱的心理。从小到大，他都是天之骄子，被所有人追捧着、赞美着，但是到了市重点中学，全市的高手都云集在此，"山外有山，人外有人"，梁致远不再是那个最聪明的，这让他难以接受，产生

了自暴自弃的心理。

爸爸了解到儿子的心理后，给他每个星期做一次心理辅导，帮助他分析原因，看到自己有哪些优点和潜力。

渐渐地，梁致远重拾了自信，考试成绩也越来越好，心理素质也变得越来越强了。他仿佛感觉自己真的长大了。

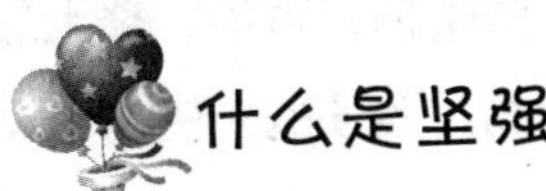

什么是坚强

坚强是指一种内心强大、刚毅的心理，不会被发生在自身的挫折、困难所打倒，能够勇敢地坚持自我，不自卑的状态。进入青春期的孩子，心理发育还不成熟，容易被生活、学习中的挫折所打倒，不能够顺应逆境，进行很好的自我调节，所以青春期孩子的坚强心理的培养，需要爸爸给予关注。

如何培养孩子的坚强品格

1. 平时不要太溺爱孩子

孩子之所以如此脆弱，都是因为平时爸爸太过溺爱的原因。孩子在这样的一个环境下成长，早已经习惯了被一片夸奖和赞扬之声包围着，而在这些声音之中，孩子极易变得过分要强，可另一方面又像一根紧绷着的线绳，任何细微不能令他满意的声音都会触碰到他敏感的神经，都会被他当作人生中的滑铁卢，完全失去了面对生活的信心和勇气，所以爸爸平时不要太溺爱孩子，应该给予孩子适当的小磕小碰。

2. 给孩子注入坚强的元素

禁受必要的挫折和磨难，即便是所谓的天才也不能例外，何况天才本来就是从千锤百炼的磨难中走出来的。或许孩子有着过人的天赋，但这并不能保证他往后会事事顺利。每一个人都希望自己做任何事情都能一帆风顺，可是一直行驶的船难免会遇上顶头风，这肯定是不可避免的情况，既然是这样，爸爸就应该给孩子的性格里注入坚强的因子，让孩子学着坚强起来，用个人的毅力去战胜生活中遇到的各种艰难险阻。

【好爸爸成长物语】

有许多这样的孩子，他们有一颗聪明的脑袋，曾经也是全班乃至全校的学习尖子，只是因为一次考试不很理想，或者因为老师的某一句话刺激了他，从此就不再热爱学习。上课不集中精力听讲，整天意志消沉，成绩直线下降。若放任不管，一直如此，孩子的一生可能就此毁掉。

孩子，若你也有这样的想法，我不妨告诉你一个秘密：所有的人在一生中都会经历许多挫折，而这正是命运筛选强者的不二法门。只有经历了许多挫折并仍然向前的，才能称得上是真正的强者。

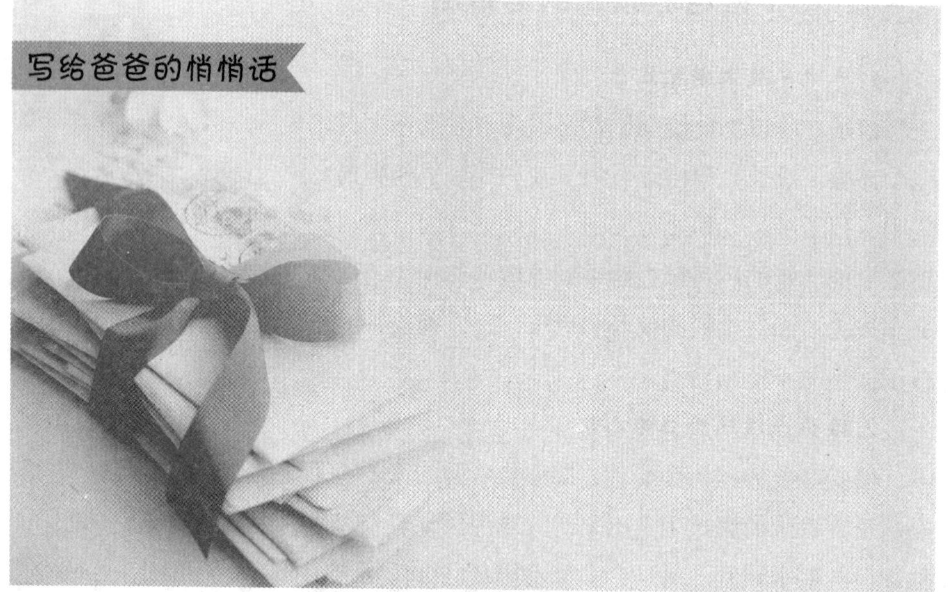

培养孩子自信的语音

一天，丁丁跟爸爸谈心时哭诉道："豆豆说我是全班最笨的，呜……"爸爸回答他："不，丁丁不是最笨的，丁丁会画画，会讲英语，会下棋，还会认好多字，怎么算笨呢？丁丁跟大家一样聪明。"就这样，丁丁觉得爸爸的话是对的，因为他参加美术班的学习，家里墙壁上挂满了自己的画，下棋多次赢过爸爸，识字卡片认识一大摞，怎么会是最笨的呢？最终他破涕为笑。要知道，孩子的自尊心来源于自信心，而自信心的树立既需要物质的基础，有时也需要外在的鼓励。

丁丁从小就开始接触英语光盘游戏，从幼儿园中班就开始学习剑桥英语，但是在中文语言环境下只学不用实在体现不出英语的实用价值来。终于有一天在马路上遇见一位外国叔叔同一位中国大哥哥说话，爸爸借机问丁丁："想不想跟这位外国叔叔说话？"

"想。"

"那你就去吧。"

“可是他们正在说话呀。”丁丁有些犹豫。

“那你到底是不是想去跟他说话呢？”

“不是非常想。”

“那就算了，我们走吧。”

父子二人刚准备走，那位外国叔叔已与中国哥哥分开，而且外国叔叔朝着他们的方向走来并且擦肩而过。爸爸赶忙说：“丁丁，那个外国叔叔过来了，你快去吧。”

丁丁跳下小自行车就冲上前去，挺起胸脯昂起头，落落大方地打招呼：

“Hello,How are you! What’s your name？”（嗨，您好！您叫什么名字？）

外国叔叔笑眯眯地腐视丁丁，回答：“My name’s Green.”（我叫格林。）

丁丁：“How old are you？”（您多大了？）

外国叔叔：“Forty-two yearss。Nice to meet you.”（四十二岁，很荣幸认识你。）

这时周围已聚拢了许多人来看热闹，丁丁稍微停顿了一下，几位性急的大姐姐对丁丁直招手：“讲啊，快讲啊。”

丁丁又亮起清脆的童音大声道：

“Nice to meet you,too.”（认识您，我也很荣幸。）

“啊哈——!”周围响起一片喝彩声。

说完就转身离去，那份潇洒、那份自信、那份干脆利落头也不回的架式，引得围观的人们哄然大笑。

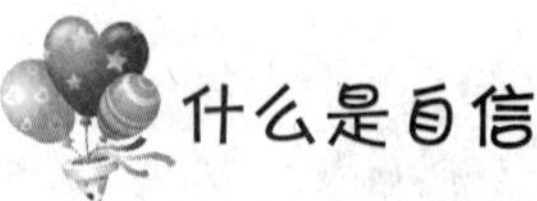

什么是自信

自信是一种自我肯定、始终相信自己的心理。心理学家研究发现：人的自信主要是在幼年时期形成的，随着年龄的增长自信度也会不断变化，在青春期的时候，自信度会一直下降到最低点，等过了青春期，心理发育成熟，人的自信心又会回到一个新的高度。所以，爸爸要关注这个时期孩子的心理特点，增强孩子自信心。

如何培养孩子的自信

1. 让爸爸用乐观态度去感染孩子

爸爸是孩子的第一任老师，孩子自信的生成在很大程度上也会受到爸

爸的影响。所以在日常生活当中，爸爸在孩子面前要尽量表现出乐观的态度来，努力营造出一种快乐的气氛。在现代家庭教育中，越来越发现，养育孩子的过程也是爸爸不断充实与学习的过程。所以更为重要的是爸爸要拥有一颗真正乐观的心，要知道，爸爸乐观处事的事例对于孩子是最好的教科书。

2. 不要给孩子太多的压抑

自信是一种基本的情绪，在人的本性中就有快乐的成分。孩子在出生后的 2 个月左右，就有了本能性的微笑。可是随着孩子年龄的一天天增加，爸爸的要求也水涨船高。孩子还很小的时候，叫一声“爸爸”，爸爸就因此高兴半天，可长大了之后，为了孩子的升学、就业，爸爸总会一厢情愿地做出诸多安排，对于孩子个人的想法、兴趣爱好总是在各方面做出过分的限制，目的就是为了让孩子按照自己设定好的方向发展。这样一来，孩子的天性被压抑下去，每天只能像个木偶似的，又怎么会有自信呢？因此，如果想让孩子得到快乐，爸爸就应该减轻孩子身上的负担，还他一个自由自在的空间。

【好爸爸成长物语】

法国教育家卢梭曾经说过：“自信心对于事业简直是一种奇迹，有了它，你的才干便可以取之不尽，用之不竭；一个没有自信的人，无论他有多大的才能，也不会抓住一个机会。”

培养孩子自尊自信的品质是培养健康个性的关键。心理学研究表明，自尊自信的人往往情绪积极、乐观；反之，则消极、悲观。自尊自信往往被列为心理健康的首要标准。要想使孩子获得快乐，爸爸就要在培养孩子的自尊自信上下功夫。当幼儿感到自己有能力做好事情、有胜任感又为其他人所接纳时，他一定会很快乐，这种快乐才是发自内心的。

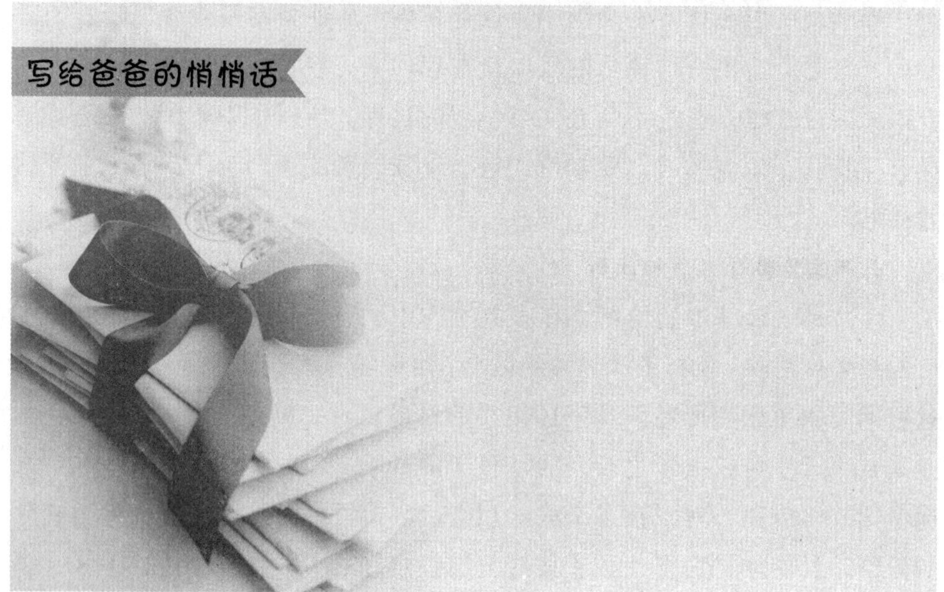
写给爸爸的悄悄话

让孩子学会与人交往

多多十五岁了，人很聪明，成绩也好，但是爸爸并不因此而感到欣慰，因为邻家也有一个孩子，名叫盼盼，和多多一样大。俩孩子时常为一些小利益产生矛盾，多多爸爸担心，这样的状况一旦到孩子各自成家后，他们就不会像父辈那样和睦相处了，将来真不知道自己的孩子会与邻家的孩子发生怎样的争执。

有一天，多多因为盼盼家的狗咬死了自家的鸡，又与盼盼发生了争执。爸爸看到后，说："你过来，我有话说。"爸爸指着院子里的几只鸡说："看看它们，蹲在那里相安无事，这不是很好吗？"然后多多的爸爸到屋子里端出了一盆谷子，悄悄走到屋后，将大部分谷子撒在地上，仅留了几粒回到院子里，扔向那些鸡。鸡们看见了谷子，腾地跳起身，一起上前争夺，翅膀挥舞，地上尘土飞扬。

多多爸爸又说："你都看见了，更多的谷子在屋后……"多多笑了，他明白了爸爸的意思。从此，他再也没和邻家的盼盼发生过争执，并且友好地相处了。

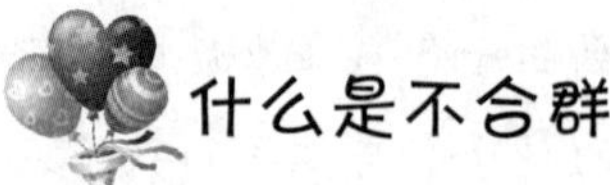

什么是不合群

不合群是孩子在青春期，出现两种极端的心理：一种是高度自傲的心理，以自我为中心，自高自傲，目中无人，以至于瞧不起周围的人，导致自己不合群；另一种就是自卑的心理，他们害羞、胆怯、孤僻、沉静、性情懦弱，导致自己不合群。

如何让孩子学会相处

1. 要孩子处好身边的人

爸爸要和邻居、亲戚等搞好关系，给孩子做一个榜样，让孩子也轻松地和他们相处。孩子只有处好身边的人，他才有能力处好更多的人。

2. 给孩子一些自主交友的空间

爸爸不要怕孩子变坏而控制孩子交友的自主性，应该适当地给孩子一些自主交友的空间，让孩子自己决定交友的类型，爸爸适当地监管好他们就可以了。

3. 与人多接触

不要把孩子关在家里，创造一些和不同年龄的人接触的机会，在孩子与不同年龄的人接触的过程中，孩子能学到"团结""竞争""自我保护"等精神和意识。在与不同年龄人的比较中，更能锻炼孩子在交往中的应对能力。

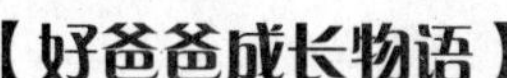

【好爸爸成长物语】

人无法独居，每个人都要不停地从他人那里获得一些信息，或者做一些信息交换，在与人的交往中，获得一些生活的经验和教训，增强自己对是非的判断分析能力，这样就能更好地展示自己。因此，爸爸要在生活中培养孩子与人交往的能力，当然，这种能力的培养也是以引导为主。

与人相处能力的形成，其中重要的一条就是孩子的谦让之心。引导孩子知进退，重大局，这就是孩子交往能力的体现。爸爸要善于帮孩子解决交往过程中出现的一些矛盾，在解决问题的过程中，提高孩子的交往能力。

写给爸爸的悄悄话

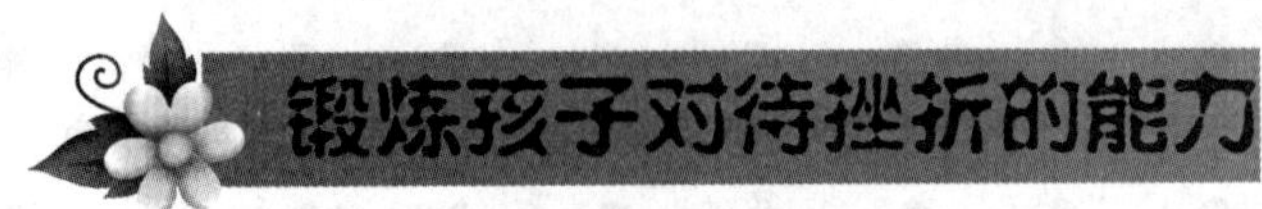

锻炼孩子对待挫折的能力

在挫折中精进的贝多芬

1822年的冬天，庄严肃穆的音乐大厅里正在演出歌剧《费德里奥》，许多名门贵族观看了这场演出。但在歌剧进行到一半的时候，观众发现乐队、歌手无法协调，而指挥却毫无察觉，仍在台上竭力指挥着。

观众终于忍无可忍了，他们在台下窃窃私语。指挥发现了，他让乐队、歌手重来，但情况更糟。

有人在喊："让指挥下台。"

指挥已听不到观众在说什么，但是从他们的神情中，他读懂了所有。

他从台上下来，流泪了。

这是世界音乐史上一个值得纪念的日子，伟大的音乐天才贝多芬在这一天完全失聪了。

所有人都认为贝多芬的音乐生涯就此结束了，但是两年后的1824年，贝多芬的《第九交响曲》在维也纳上演。这首曲子是他在失聪的情况下写成的，在厄运不断的打击下，贝多芬完成了世界音乐史上的辉煌篇章。

苦难与成就在贝多芬的身上是成正比的，加在他身上的苦难有几分，他的音乐才华就增长几分；苦难逼近他的灵魂几分，他灵魂的光彩就会绽放几分。著名指挥家卡拉扬说："是苦难成就了他。没有苦难，谁知道会发生什么？"

贝多芬长得很丑，他的脸上还经常长一种疮，一直无法治愈，爱情也迟迟不肯垂青他，他唯一的依靠就是音乐。音乐是他的生命，音乐对于他来说是最纯粹向往。

在维也纳演奏《第九交响曲》时，他听不到乐队的任何声响；演奏结束，观众爆发出了热烈的掌声，他仍听不到。

当主持人把他引向舞台中间时，他还没弄明白是怎么回事。这是多么令人心酸，但又是任何音乐人修炼一辈子都无法达到的境界。

什么是挫折

挫折就是遇到的逆境和困难，孩子在成长时期，心理的发育往往要晚于生理的发育，从而导致孩子具有惧怕挫折的心理。现在大多家庭都是独生子女，很多都处在溺爱的环境里。在这样一个环境里，处处是对孩子的表扬和赞美，孩子就像温室里的花朵，禁不起一丝的风雨，稍微遇到一点儿失败，往往就会一蹶不振，丧失面对现实的勇气和信心，这就是挫折心理不强的表现。

如何培养孩子面对挫折

1. 给孩子树立战胜困难的勇气和信心

无论是做什么样的事情，有信心才有坚持下去的动力，而坚持时间的长短，也就体现了孩子是不是有足够的毅力。因此，培养孩子的坚强毅力，首先就要帮他树立起信心。在平时的生活中，爸爸可以通过激将、树立榜样、故事熏陶、展开竞争等方法，不断对孩子进行引导和鼓励，以此来增强他们克服困难的勇气，树立自信心，使孩子不畏惧所面临的困难和挫折，并以积极的方式去想办法克服。

2. 对追求和理想要有强烈的愿望

一个人的愿望，是他展开一切行动最根本的源动力。每个人都会把自己不同追求的实现作为自己最大的满足。任何一个人，他的愿望越强烈，为此而展开的行动也就会越迅捷、越彻底、越到位。顽强的毅力与强烈的愿望是紧密联系在一起的，因此要想获得成功，就必须先有强烈的成功愿望，这样行动才会

产生极大的毅力。

3. 确立明确的奋斗目标

斯大林曾经说过：伟大的目标会使人产生出伟大的毅力。一个人的成长过程，更应该是一个不断寻找、追求理想目标的过程。目标越明确和清晰，越贴近实际和现实，成功的可能性也就会越大，因此爸爸要正确分析实现目标必须要付出的艰苦努力，为孩子指明行动的方向。

【好爸爸成长物语】

所有事情的成功都不会是一帆风顺的，肯定要禁受必要的挫折和磨难，即便是所谓的天才也不能例外，何况天才本来就是从千锤百炼的磨难中走出来的。或许孩子有着过人的天赋，但这并不能保证他以后会事事顺利。每一个人都希望自己做任何事情都能一帆风顺，可是一直行驶的船难免会遇上顶头风，这肯定是不可避免的情况，既然是这样，爸爸就应该给孩子的性格里注入坚强的因子，让孩子学着坚强起来，用个人的毅力战胜生活中遇到的种种艰难险阻。

写给爸爸的悄悄话

第四章

好爸爸如何培养孩子的积极心态

消除孩子的懒惰心

凡凡在上小学回来做家庭作业时，说得最多的话就是："爸爸，这道题我不会做。"这不，爸爸让他看一下，复习一下课本中的例题，凡凡又开始了："爸爸，我不会看，看不懂。"为了让凡凡能够完成作业，爸爸只好帮助凡凡算出了答案。

凡凡的妈妈感冒了，躺在床上，没有办法洗衣服，所以想让凡凡把自己的衣服洗干净，可是等到晚上爸爸下班的时候，发现卫生间里还有一堆脏衣物没有洗，于是问："凡凡，妈妈今天生病了，你为什么不把自己的衣服洗了？"

凡凡回答说："爸爸，我不想洗衣服，还是爸爸洗。"

终于有一天，老师发现了凡凡的爸爸帮助凡凡做作业的事情，于是告诉爸爸："有些爸爸总是对孩子不放心，唯恐孩子磕着、碰着、伤着，事事包办，孩子只需动动嘴，爸爸就把一切都做好了。可是，如果长期下去，就会养成孩子的依赖感，剥夺了孩子的锻炼机会，孩子就会一事无成。

听了老师的话，凡凡的爸爸意识到了自己的错误，原来自己没有关注到孩子已经使他产生了懒惰的心理。

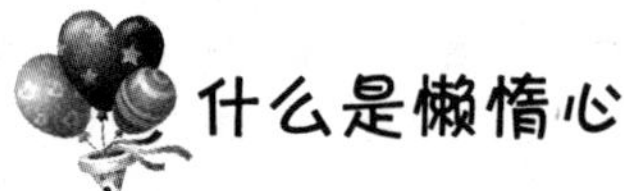

什么是懒惰心

懒惰是一种心理上的厌倦情绪。

懒惰是很奇怪的东西，它使你以为那是安逸，是休息，是福气；但实际上它所给你的是无聊，是倦怠，是消沉；它剥夺你对前途的希望，割断你和别人之间的友情，使你心胸日渐狭窄，对人生也越来越怀疑。它的表现形式多种多样，包括极端的懒散状态和轻微的犹豫不决。

如何让孩子行动起来

1. 认识社会

认识家庭住址及爸爸的姓名、单位。爸爸在孩子开始懂事时就要有意识地教他们识别自己家庭周围的环境，以及爸爸的姓名和单位等；通过这些日常的培养，孩子走失找不到家的可能性就小多了，并且增加了孩子应付外界环境的自信心，使其遇事不致惊慌失措。另外，爸爸还会教孩子一些在马路上行走的常识。

2. 让孩子要保持乐观

让孩子保持乐观的情绪，不要动不动就悲观。孩子越悲观，就越懒得动，那么他的懒散思想就会越重。

3. 让孩子学会肯定自己

让孩子勇敢地把不足变为勤奋的动力，在学习、劳动时都要全身心投入，争取最满意的结果。一旦孩子做出点儿成绩出来，他就会产生一种成就感，就会有继续做下去的动力。

4. 帮助孩子锻炼意志

一个孩子如果没有与困难作斗争的顽强精神，没有坚强的意志，就必然会为惰性找到借口。爸爸让孩子要经常反省自己，督促自己，克服自身的惰性、

动摇性，养成不畏艰险、不向困难低头的坚韧性格，把生活看作是一种责任、一种使命、一种创造，去真正自觉地鞭策自我，克服惰性。

【好爸爸成长物语】

绝大多数进入青春期的孩子，还都沉迷在童年时代尽情玩耍的情境之中，他们不希望自己长大，也不愿意学习更多的课程，做更多的事情，其实这就是孩子懒惰心的最初阶段。当孩子处在这个阶段的时候，爸爸就要采取一定的办法，告诫孩子不要让自己懒惰的心理继续延续下去，变得更加严重，变成一种消极心理。这时，爸爸应该多和孩子沟通，看看孩子是不是需要帮助，包括精神上的鼓励或支持，或者是在具体问题上的帮助。爸爸积极地鼓励和帮助孩子，会让孩子觉得自己不是在单兵作战，会轻易放弃，从而把想做的事情坚持做下去，减弱自己的懒惰之心。

写给爸爸的悄悄话

让孩子更勇敢

美国前总统克林顿在4岁的时候，他家从外地搬到芝加哥郊区的帕克里奇居住。来到一个新环境后，活泼好动的克林顿急于交上新朋友，但很快他就发现这并非易事。每当他到外面去玩耍时，邻居的孩子们总是嘲笑或欺负他，有时还将他推来推去或将他打倒在地。每当这时他都会哭着跑回家去，再也不出家门了。

克林顿的爸爸静静地观察了几周后，终于有一天，当克林顿又一次哭着

跑回家时，爸爸站在门口挡住了他的去路。爸爸大声对他说：“回去勇敢地面对他们，我们家里容不得胆小鬼。”克林顿只得又硬着头皮走出家门，这让那些欺负他的孩子大吃一惊，他们没料到这个小男孩会这么快又回来。最后，克林顿终于以自己的勇气赢得了新朋友。在以后的岁月里，每当遇到困难与挫折时，克林顿都会鼓起勇气，大胆地迎接挑战。

克林顿的故事告诉爸爸们，勇气是培养孩子表现自己的第一步。

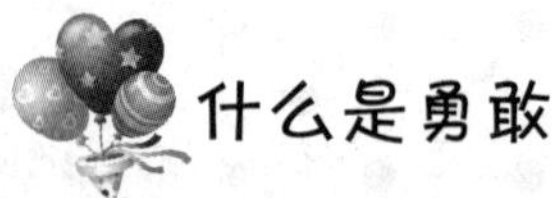

什么是勇敢

所谓勇敢就是面对困难和危险时，具有一定胆识，不会惧怕的心理。孩子在儿童阶段心理承受能力是有限的，遇事往往会比较胆小，如果这个时候不对孩子进行勇敢心理的培养，那么将来会影响孩子的心理承受能力，遇事胆小，甚至畏首畏尾。

如何让孩子变得勇敢

1. 适度的激励与细致的呵护

适度的激励与细致的呵护一定会让你的孩子变得勇敢起来。记住：千万不要嘲笑孩子不敢尝试或是只说空话“你长大了，应该勇敢”，那样只会使孩子产生自卑的心理，让他觉得“我就是不行”而永远不去尝试。

2. 让孩子尝试不要恐惧

孩子有时会出现阶段性的恐惧，这是对环境一种畏缩、退拒的反应，例如突然会睡觉时不让关灯，怕黑。有时，当一种恐惧出现时，另一种恐惧往往会消失，但也有表现得较严重和持久的，甚至造成心理障碍，所以要及时缓解孩子的恐惧。

爸爸可以让孩子熟悉所恐惧的事物或情景。孩子之所以恐惧，多是对所怕的对象生疏，缺乏了解，如孩子怕虫子，是因为很少接触虫子，以为虫子是会伤害人的。应该让孩子接触虫子，先接触那些温和可爱的虫子，多看昆虫的图画、录像，讲一些昆虫的趣闻等，通过了解与接触，让孩子对昆虫产生兴趣，恐惧感会自然消失。

【好爸爸成长物语】

勇敢是一种天生的心理，但是勇敢的心理还可以通过后天来进行塑造。对于有些天生就比较胆小的孩子，爸爸要培养孩子具有一颗勇敢的心，不怕危险，果断向前，敢作敢为，毫不畏惧。让孩子面对各种事情，就需要让孩子学会勇敢，因为勇敢也是对自我的一种保护性方式。所以，爸爸要关注孩子在遇到困难的时候，是勇往直前还是一味畏首畏尾，帮助孩子建立勇敢的心理。

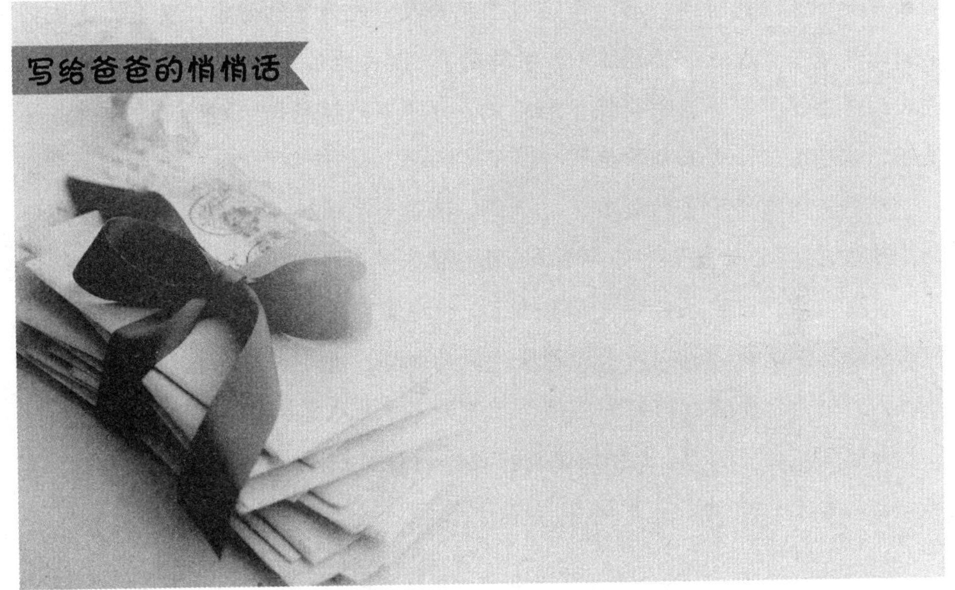

培养孩子的进取精神

王献之从七岁起就开始学习书法。他的爸爸也是一个有名气的书法家。王献之的爸爸很喜欢儿子，不但尽心地教他练字，还常用前人练字的故事来鼓励他。

一次，王献之问爸爸："我怎样才能快点儿把字练好？"

爸爸看到王献之急切的样子，就说："孩子，不要急，我先给你讲个墨池的故事吧！东汉的时候，有一个名叫张芝的人。他为了练好字，天天在自家门前的池塘边，蘸着池水研墨练字。字写完了，就在池塘里洗涮笔砚，日子一久，洗出的墨汁把整个池塘都染黑了。后来，他的字越练越好，写的草书笔势活泼流畅，富于变化，大家都管他叫"草圣"……"

爸爸一边听着张芝的故事，一边想：张芝为了练好字，洗笔砚的水把池塘都染黑了，他下的功夫多大啊！要是自己也像张芝那样刻苦，一定也能把字练好。

从那以后，王献之练字更加努力了。他也像张芝一样，每天练完字就到门前的池塘里洗笔砚。时间一长，原来清澈的池塘，也变成了墨池。后来，王献之每搬到一处，都要在门前洗笔砚，留下的墨池比张芝的还要多。

北宋的文学家曾巩，十分钦佩王献之的勤奋刻苦精神，他特地写了一篇《墨池记》的文章来赞颂这件事。

什么是进取心

进取心是指不满足于现状，坚持不懈地向新的目标追求蓬勃向上的心理状态。孩子如果没有进取心，那么他的成长就会永远停留在一个水平上。

具有进取心的孩子，渴望有所建树，争取有更大更好的发展，会为自己设定比同龄孩子更好的目标，勇于迎接挑战，自立能力也会比较强。

如何培养孩子的进取心

1. 让孩子面对并体验到成功的艰难

成就教育包括了两方面的内容，一是激励孩子追求成功，二是鼓励孩子不怕困难。要教育孩子：在追求成功的同时也要做好失败的准备，人生不可能次次成功，但要从失败中走出来，逃避失败就意味着放弃成功的可能。做任何事情，只要努力去做，不怕失败，就会有成功的希望。

2. 培养孩子勇于冒险的胆识

成就动机高的人有一个典型特征，即敢于冒风险。许多事情，成功与失败仅一步之遥，在追求成功的过程中勇于冒险的胆识是不可少的。当然，培养孩子的冒险精神绝不是盲目的冒失行为。

3. 改变“无错误”教育观念

不允许孩子出错，这会使孩子在片面追求正确性的同时丧失探索的欲望，因为许多探索都是没有把握的。应积极鼓励孩子创新，鼓励他不怕出错。

【好爸爸成长物语】

俗话说：勤能补拙。永不停息的进取精神，对每一个想要有所成就的人都是很重要的。每个成功的人，每位有作为的人，他们无一不是与勤奋有着深厚的缘分，有着难解难分的牵连，他们付出过多少汗水，他们付出过多少心血，他们的勤奋，他们的忍耐，也许常人难以想象得到。只要能坚持勤于工作，就会有成功的必然。

确立有效目标的心理

一个小男孩叫考尔比，他的爸爸是一位马术师。考尔比从小就跟着爸爸东奔西跑，一个马厩接着一个马厩、一个农场接着一个农场地训练马匹。由于经常四处奔波，考尔比的求学过程并不顺利。

初中时，有一次老师让全班同学写作文，题目是《长大后的志愿》。那晚，考尔比洋洋洒洒描述他的伟大志愿，描述他想拥有一个属于自己的运输集团，当然，从事运输的不是那些马匹。但是，老师却认为他是做白日梦，希望他重写一个不离谱的志愿。

但是，回到家，爸爸看了考尔比的作文，说道："儿子，你写得很棒，是一个非常好的理想，你不需要重写，只要坚持你的梦想就行。"

得到了爸爸的肯定，考尔比更加坚定了自己的信念，将原稿交回，一字未改，对老师说："无论如何，我也不愿意放弃属于我的梦想。"

后来，考尔比长大了，成为美国五大湖区上的运输大王。

什么是目标心理

目标是奋斗的方向和动力，一个没有目标的人注定一事无成。同时目标要切合实际，要成为有效的目标，而不能是达不到的目标。一定程度上，目标决定了结果。

目标心理可以作为一种刺激，因为目标可以把孩子的现在和将来的区别摆在面前。目标对于孩子是一种挑战，可以催促孩子改进现状。

如何帮助孩子树立目标

1. 了解孩子的兴趣

对于孩子来说，兴趣是引发聪明才智的引线，所以爸爸一定要对他兴趣的方向有所了解，然后在孩子的某些特定兴趣上予以关注和投入，使其发展成为孩子的理想。在此期间，一旦发现孩子的兴趣不在这方面，要及时帮助孩子调整方向，并在尽可能短的时间里让孩子从自己身上找到新的兴趣所在。要知道，在孩子的精神花园里是容不得有真空地带出现的，不然很容易滋生出“杂草”来。尊重孩子的选择，也就是说当孩子的兴趣已经成长为他的理想时，爸爸不应该以自己看问题和想问题的思路去勉强孩子做他们不喜欢的事情，那么结果往往只能是背道而驰。

2. 要不断激发孩子对理想目标的向往，并为孩子实现理想创造条件

对于如何激发孩子对理想目标的向往，并使其能够不懈地坚持下去，这是一个很令人伤脑筋的问题，关于这一点，爸爸应该抱着包容的态度。爸爸要知道，对于理想的向往和坚持，很大一部分成年人都做不到，孩子不能做到也属于正常情况。为孩子实现理想创造条件，可以从两方面入手，一种是物质上的，一种是精神上的。为孩子营造一个适宜他实现理想的环境，比如孩子有当作家的梦，就应该为他多买一些文学方面的书籍，这就是在物质上为孩子创造条件；在精神上应该对孩子进行鼓励和支持，在他遇到挫折和打击的时候，多方面地进行疏导，让他明白这是在所难免的，应该乐观地面对这一切。

2. 帮助孩子树立短期和中长期目标

孩子都有这样的一个劣根性，那就是太容易得到的东西不会觉得珍贵，另外对一件事物追求的时间太长却没有什么效果的话，也会因此失去信心，从而变得一蹶不振。孩子由于天性活泼好动，极容易转换注意力的方向，因此在这个方面表现得尤其明显，往往受到一丁点儿的困难就会变得畏缩不前。为了避免孩子在做某件事情时出现“三天打鱼，两天晒网”的现象，爸爸应该在和孩子取得充分一致的情况下，帮助他把目标分成几个阶段，并为他确立中短期目标。

【好爸爸成长物语】

当孩子树立正确的目标以后，爸爸要适时地给予他信心、勇气与支持。目标的实现过程必定是曲折坎坷的，如果孩子失败了千万不能让他气馁，要帮助他分析失败的原因，并且加以鼓励。在孩子向着自己目标迈进的过程中，爸爸的督促更是不可缺少的。孩子是有惰性的，在面对一件事情的时候往往会出现三分钟热度，可当三分钟过去之后，就会很容易失去耐心和信心。在此，爸爸就应该在一旁进行监督和督促，并告诉他，任何事情的完成都不是一蹴而就的，目标的实现更是一个漫长而艰辛的过程，因此，我们要有足够的耐心和信心，贵在坚持，千万不能半途而废。不然就不会有任何结果。要想让行动创造最大价值，我们必须要设立切合实际的工作目标。

写给爸爸的悄悄话

让孩子有一颗诚实的心

列宁具有极强的人格魅力，他谦逊的风度与高尚的举止，深得同事和人民的爱戴，而这些良好的品质首先得益于他爸爸的精心教诲。

1870 年列宁出生于俄国辛比尔斯克(今乌里扬诺夫斯克)。他的爸爸是省国民教育视察员，非常重视孩子们品德的培养。爸爸以身作则地教导他们：要学会尊重他人，不论别人身份高低贵贱；小朋友要是说话发音不准确，不要讥笑他，而要帮助他纠正，平时要多体谅别人，多替别人着想；要乐于助人，给老人妇女让座；别人帮了忙，一定要道谢；自己有了错也一定要请求别人原谅……正是在这些潜移默化的熏陶下，列宁从小便对别人以礼相待，真心相助。

列宁的爸爸以身作则地教导孩子，鼓励孩子们从多方面加强修养、努力成才的同时，也时刻注意引导他们发现缺点，改正过失，以赢得别人的信任和喜爱。他们在这一方面的教育方法与众不同：不是揭穿、处罚孩子，而是启发他的觉悟，唤起他的良知，使他真正认识到自己的错误，在内心善与恶、美与丑、真与假的斗争中反省自己并取得进步。

列宁 8 岁时，有一次到姑妈家做客，他不小心打破了一只花瓶，由于害怕，他否认了这件事，爸爸对此装作相信的样子，沉默了整整 3 个月，而在这 3 个月中撒谎后的羞愧感时时折磨着小列宁的心。终于有一天他再也忍不住了，向爸爸说出了真相，爸爸这才安慰了他，说要写信告诉他的姑妈，姑妈一定会原谅他的，小列宁这才露出了轻松的笑容。在这场激烈的思想斗争中，诚实的高尚品德终于取得了胜利。

什么是诚实

诚实是指做人做事能够坦诚相待、真实地表达自己，不会伪装或者用欺

骗的手段来骗取他人信任的一种心理。孩子在成长过程中，最容易受到外界和家庭环境的影响，容易说谎言，所以爸爸要关注这个阶段孩子的心理，让孩子做一个诚实的人。

孩子为什么会不诚实

1. 为了逃避责备

既然孩子撒谎的目的是为了逃避爸爸对他们的责备，那么爸爸如果能和孩子和谐相处，让孩子把他自己正确和错误的行为都告诉爸爸。爸爸给孩子分析哪些是对的，哪些是错误的；耐心细致地给孩子讲解，分析哪些地方错了，为什么会错，有什么危害。这样孩子不仅懂得了道理，而且十分容易接受。爸爸对孩子没有了责骂，孩子有什么错误就不怕跟爸爸说了，那孩子自然就不用说谎了。

2. 爸爸管得太严厉

孩子的撒谎是因为爸爸管得太严。爸爸对孩子太严厉，孩子说出实话的后果是拒绝，孩子有时会因为爸爸的这种拒绝而面临一个难堪的局面。这样孩子当然不会说出真话了。因此，好的爸爸会告诉孩子：只要说实话，我们就好好谈，所有的事情都好解决。并且说到做到。这样孩子就没有什么好担心的了，可以大胆地说出真话。如果爸爸能改变自己以往的做法，以民主、平等、尊重的方式对待孩子，走入孩子的内心世界，与孩子坦诚交流，善待孩子的过失，那么孩子说谎的毛病便不治而愈。

3. 受爸爸不良行为的影响

孩子不诚实，爸爸肯定会有责任。有怎样的爸爸往往就会教出怎样的儿女。爸爸无声的行为，比从爸爸嘴里说出来的千言万语，对孩子更具影响力。爸爸不必动口言说，就能让孩子在潜移默化中学习。做爸爸的，特别是在子女面前，更需要谨言慎行，不要让孩子看到爸爸也说谎。我国古代的曾参“杀猪教子”的感人故事，对于今天的爸爸，也同样是个有益的启示。

【好爸爸成长物语】

爸爸在教育孩子时，必须身体力行，以身作则。由于一个人的品质和个性不是一时半会儿就能养成的，需要爸爸长期不懈地进行教育，从小抓起。同时，爸爸在以身作则教会孩子许多良好品质的同时，还要努力引导、教导孩子掌握基本的生活技巧，包括对一些事务的态度和行为方式，以及询问别人的情况、表达个人的兴趣、接受对方的建议等。

写给爸爸的悄悄话

鼓励孩子自由发挥想象力

2002年的诺贝尔文学奖得主是匈牙利作家凯尔泰斯·伊姆雷。

伊姆雷小时候生得呆笨，又因为他的爸爸是一个木材商，所以人们都喊他木头。在他12岁的时候，由于怕人嘲笑，他偷偷地告诉爸爸，自己做了一个梦：梦见自己获得了诺贝尔奖，国王给他颁奖。看着呆头呆脑的儿子，爸爸在心里面对孩子没有一丝嘲笑的意思，反而真诚地说："孩子，假若这真是你的梦想，那么你以后一定会有出息的！"

伊姆雷在以后的生活里，他一直坚信自己能获得国王的颁奖。一年，两年……多少年过去了，自己也没有获得国王的颁奖。但他坚信，那个梦是上帝对他的启示，梦在成功就在。

在以后的岁月里，他一直坚持写作，就是被纳粹关押期间也不例外，因为他相信爸爸说的那句话："假若这真是你的梦想，那么你以后一定会有出息的！"

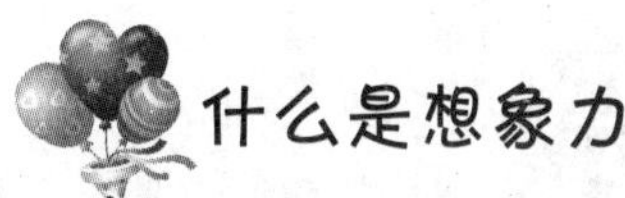

什么是想象力

想象力是孩子积极探索生活的源泉，是孩子在头脑中创造一个念头或思想画面的能力，是孩子对世界进行一种自我心理描述的能力。

在对孩子教育的过程中，爸爸要认识到梦想对孩子的价值，不要扼杀孩子那美好的梦想。

如何培养孩子的想象力

1. 理解孩子独特的思维方式

一个有想象力的孩子，他的思维方式和行动方式与其他人是不一样的，他

们往往会说一些或者做一些令家长不理解的话或事。可在现实中，孩子的一些异想天开的想法，常常会遭到爸爸的斥责和批评，指责孩子是在“撒谎”“胡搞”或者“胡说”。因此，很多孩子的天赋往往是被爸爸扼杀了。要让孩子能放飞自己的梦想，爸爸就不要训斥孩子那些千奇百怪的想法，让孩子沉浸在自己的“美梦”里。

2. 支持和鼓励孩子的想法

一个孩子有多大的梦想，他将来就可能有多大的成就；如果孩子没有了梦想，那么他将来一定不会有所成就。所以，当孩子有想象力，即便有些离谱，爸爸不要以自己的眼光来看待孩子的想法，爸爸在教育孩子时最好的方法就是鼓励和支持。

【好爸爸成长物语】

爱迪生为了做试验，家里常常有着爆炸的危险，但爱迪生的爸爸却为孩子这样做感到自豪；莱特兄弟爬到树上，想把月亮摘下来当灯用，结果差点儿从树上摔下来。爸爸知道后，并未像现在的中国爸爸那样责备他们，而且还给他们洗脸包扎伤口，并对他们说："月亮没有挂在树上，而是挂在空中，你们可以试着飞到空中去，也许能把它给摘下来。"因此，不管孩子的想法多么荒唐，爸爸都要珍惜孩子的这份想象力，看到孩子可笑的言行，爸爸一定要引导孩子，不要打击孩子探索的积极性。

写给爸爸的悄悄话

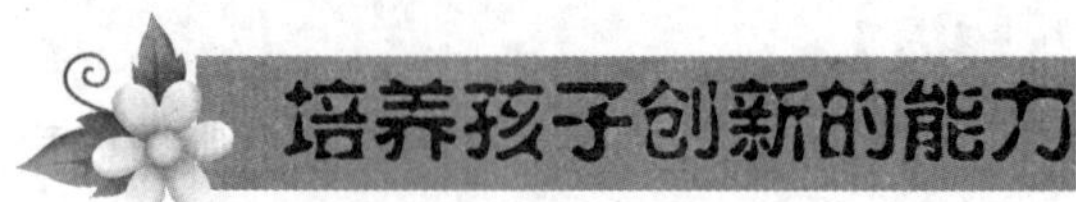

培养孩子创新的能力

在比尔·盖茨很小的时候，他的爸爸就非常注意培养他们的创新的能力，祖母积极支持比尔·盖茨从事一些具有创造性的活动。

在空闲的时候，爸爸和比尔·盖茨一起自编自演一些小品、话剧等，让比尔·盖茨扮演各种不同的角色，看谁演得最像，表演得最有创意。爸爸有时还放手让儿子和同学、伙伴一起办一些家庭小聚会，让比尔·盖茨自己去策划。

比尔·盖茨自己装饰美化房间，自己到超市购买物品等。通过这些小的活动，培养了比尔·盖茨创造性的思维能力，让小盖茨喜欢积极地去创造。

什么是创新

所谓创新心理就是创造出来的一种新想法，和别人不一样，独具一格。孩子在成长阶段，是创新心理最活跃的时期，对周围的世界充满着好奇和想象，非常容易产生与别人不一样的新想法。大量研究表明，儿童期是创造力发展的关键时期，特别是几岁的孩子，他们最富有幻想，思想和行为都不受束缚和制约。因此，他们的思维是大胆、自由和富有创造性的。爸爸必须抓住时机，创设条件，从小培养孩子的创新意识和创新精神，使得孩子成为一个天才。作为爸爸，要善于积极引导孩子去创新，培养孩子这种对世界自我认知的心理。

如何培养孩子的创造力

1. 爸爸是孩子创造力的主导者

爸爸带一个只有几岁的孩子走在街上时，就可以一边走一边启发孩子的想象力：“孩子，你觉得 ×× 看上去像什么？”当孩子对所看到的东西作出的

比喻不当时，爸爸不应责备孩子“胡说”，而要夸奖孩子想象得与众不同，鼓励孩子在此基础上，再去联想“看上去还像什么”，这样增强孩子的创造性。对于大一些的孩子，除了放手让他们做事以外，爸爸还要用丰富多彩的创造性活动来增强孩子的创造能力。

2. 采用有效的刺激方法

游戏活动、欣赏活动、表演活动等都是发展孩子创造力的有效手段，爸爸应全面加以运用。例如，在和孩子一起听音乐时，可鼓励孩子想一想、说一说“这段乐曲告诉了我们什么”，并要求孩子用语言、表情，甚至是体态、动作等不同的方式将所感受到的表现出来。在孩子的世界中，充满想象力与创造力，问题的答案往往超出逻辑之外。孩子的一些好奇心、新概念、新想法，也可以说他们有将事物改良或创新的能力。有创造力的孩子，除了有想象力、灵活的心思外，还有各种知识相辅相成，所以创造力其实不是一种单一能力，而是集

合多种能力的表现。

3. 要有耐心、会包容、会赞美，以鼓励孩子多看、多听、多触摸、多操作、多探索、多想象为原则；尊重孩子的想法和好奇心，这样必将有助于孩子创造力的培养。孩子在一种轻松愉快的环境之中，就能充分发挥自己的创造性，这样既能增加孩子的自信心，又有利于孩子创造能力的发展，使孩子变得更聪明。

【好爸爸成长物语】

孩子有时就是做大人从没有做过的事，孩子有了创新的精神，才能发现他人不能发现的东西，做他人做不了的事。比如牛顿发现万有引力，爱因斯坦创立了相对论，本田研制出最好的发动机，洛克菲勒打造出了他那强大的石油帝国……所有这些想象力都是在他们孩童时期出现的举动。因此，要使孩子更好地成长，爸爸就要培养孩子的创新能力。

写给爸爸的悄悄话

顺着孩子的梦想

莱特兄弟俩从小丧母，一直和爸爸一起放羊。一天他们在山坡上放羊时，看到大雁从头顶上飞过，其中一个孩子看着大雁说：“我要是能飞就好了，这样我就能到天国中去看我的爸爸。”另一个孩子也说：“能飞真好，我们就可以到我们想去的地方。”

爸爸看着自己两个儿子，沉默了一会儿，然后对他的儿子们说：“如果你们想飞，你们就一定会飞起来。”两个孩子不理解爸爸的话，还真的像大雁一样扇了扇自己的手臂，但他们并没有飞起来。他们疑惑地看着自己的爸爸。

爸爸说，那你们看我是怎么飞的吧。于是他也像大雁一样扇了扇自己的手臂，他也没有飞起来。但爸爸很认真地说：“我是因为年纪大了才飞不起来，

你们可能是因为还小而飞不起来，只要你们努力，你们就一定会飞起来，到你们想去的地方去。”

从那以后，爸爸总是肯定人能飞起来，两个孩子也一直在为这件事努力着，等他们长大以后，他们真的飞起来了，这样，莱特兄弟成了飞机的发明者。

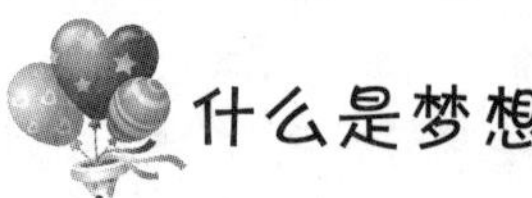

什么是梦想

梦想，是对未来的一种憧憬和需要实现的目标，它是人们对未来追求的一个心理期望。处在青春期的孩子是建立梦想的最佳时期，孩子这个时候的心理期望将会指导孩子一生的方向。所以，爸爸要懂得孩子的梦想，顺应孩子的梦想去指导他、鼓励他，帮助他实现这种心理期望，获得成就的幸福感。

如何帮助孩子实现梦想

1. 强化孩子的梦想

孩子有了一个好的梦想，有时候可能只是他冲动的想法，或者孩子同时有很多个梦想，爸爸要善于抓住最有价值的梦想，用强化的方式坚定孩子对自己梦想的追求。

2. 把孩子的梦想分解实现

孩子一个梦想的实现，往往是有很多个小的组成部分。爸爸要帮孩子把梦想分解成一个个小的目标，一口不能吃一个胖子，孩子通过小目标的实现积累，以此成就他大的梦想，这样梦想的实现就会容易得多。

3. 做孩子梦想的引导者

孩子有了梦想，就是孩子在成长中有了目标，但是要孩子把他的梦想变成现实，这中间还需要孩子有一个奋斗的过程。在这个过程中，孩子成功与否，往往取决于爸爸对孩子梦想的态度。孩子有一个梦想，爸爸要顺着孩子的这个梦想去引导孩子学习，孩子往往就能把梦想变成现实。如果爸爸总是以幼稚、可笑来定义孩子的梦想，那么孩子也会认为自己是可笑的，他的梦想就会变成空想或妄想。因此，对于孩子的梦想，爸爸要做一个引导者，做孩子梦想变成现实的催化剂。

【好爸爸成长物语】

有的爸爸会说："我的孩子总是不停地变换梦想，叫我们无法对孩子的梦想进行'催化'"。其实，孩子梦想的不停改变，正是孩子的梦想没有得到爸爸有效"催化"的结果，爸爸有一定的责任，不能全怪孩子信念不够坚定。做孩子梦想实现的催化剂，就是爸爸帮孩子走向通往梦想的道路，孩子在这条路上需要爸爸的规划、支持和帮助。在孩子实现自己梦想的过程中，爸爸要让孩子明白坚持的含义，让孩子不懈地为梦想奋斗。正如陶行知所说的那样："给孩子一座山，让孩子自己去攀登，爸爸要做的就是让孩子坚持下去。"这里的"一座山"就是孩子的梦想，"让孩子坚持下去"就是要爸爸做孩子梦想实现的引导者，"催化"孩子美梦成真。

写给爸爸的悄悄话

让孩子学会主动帮助他人

在一些特定的场合下，为了培养孩子的善心，爸爸可以来一次“节外生枝”：

一个年轻的爸爸带着一个七岁的儿子从集市上购物回来，孩子走在前面，蹦蹦跳跳地边走边吃着冰激凌，在后面的爸爸两手提着手提袋里沉重的东西，累得气喘吁吁。这时，父亲突然“哎呀”一声——一不小心崴了脚。

儿子折回头，看着蹲在地上的爸爸不知所措。

爸爸对他的儿子说：“我的脚崴了，手里的东西又太重，我们走不了了。”看到儿子关切的眼神，这位年轻的爸爸又说：“如果你能够帮我提一些东西，我可能会忍着走回去。”

“那好吧，我替你拎一些东西。”儿子爽快地回答。

年轻的爸爸把一些东西分到一个手提袋里，当他感到有足够分量的时候，他把东西递到了孩子的手上。这样，与先前的状况不同了，前面是一个不堪重负的孩子正迈着踉踉跄跄的脚步，后面是年轻的父亲迈着轻快的步子，脸上还露出一丝诡秘的笑。

回到家里，孩子已经满头大汗了，小手也被手提袋勒红了。回到家里，父亲一放下东西，就把孩子搂在了怀里说：“今天要不是你，爸爸还真回不来呢！”孩子的脸上更露出成就感，他感到自己帮了爸爸以后那种愉快的感觉难以形容。吃饭的时候，年轻的爸爸一边夹菜给儿子一边说：“儿子知道关心别人了，真是爸爸的好儿子。”孩子显得更加高兴了。

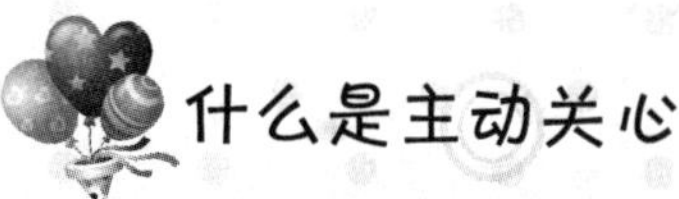

什么是主动关心

主动关心是一种发自内心的，主观上去帮助别人的心理，它反映了孩子内心善良的本质，是一种展现自我存在价值的一种心理表现。青春期的孩子大多

有一种英雄主义情结，爸爸应该帮助孩子把这种情结化为正义的举动，去关心需要关心和帮助的人，让孩子在关心他人的过程体会到快乐。

如何培养孩子关心别人

1. 赞赏孩子的善行

使孩子做好事的行为及时得到他人的肯定和表扬，那么孩子就会一如既往地这样做。因此，只要是自己的孩子帮了别人一点点忙，爸爸都要赞成孩子的举动。

2. 不要打击孩子的积极性

有时，孩子为了帮助他人，可能会给自己或家庭带来一些损失，这时的爸爸一定不要因此责怪自己的孩子，相反要赞扬孩子的举动。如果爸爸因此而责骂孩子的善举，这就会打击孩子继续行善的信心，对孩子善良的培养是非常有害的，在下次遇到类似事情的时候，孩子帮助他人的热情就会大大地减弱，有可能会作壁上观，因为他怕自己的善行又会给自己带来什么损失。孩子善行的减少，他的善心也会渐渐地消退。

【好爸爸成长物语】

孩子的生活相对简单一些，可能在生活中没有太多的“善事”可做，因此。爸爸还要常为孩子创造做善行的机会。

所以，用善行来塑造孩子的主动关心他人的心理，并不需要孩子做什么惊天动地的大事，爸爸只要在平时生活的小事中，注意培育孩子对待他人困难的关心态度就行了，因为目的是塑造孩子有一颗主动关心他人的心，事情的大小无关紧要，这就是引导的技巧。

让孩子的胸怀宽广些

寒寒是这样一个孩子，无论在爸爸还是学校老师的眼睛里，她都是一个品学兼优的孩子，因此从小在她周围就从不缺少夸奖和赞美之声。在这样一个环境的熏陶下，她逐渐变得越来越娇纵，养成了心胸狭窄的性格，听不进别人一句批评的话语，容不下其他人比自己更优秀。加上寒寒到了青春期，小女孩的小气变得越来越厉害了。

一天，老师在课堂上表扬了一名平时学习成绩比她差的同学，这就让她很生气，课下就把那名同学给打了。为此，老师对她进行了一番批评教育，她回家之后就逼着爸爸给她转学。就这样，她先后转了两所学校，每次都是不能接受老师对她的批评。转到第六所学校之后，没几天，又因为一点小事和同学发生了口角，搞得全班人都不愿意和她交往。班主任知道以后，和颜悦色地劝说她改变一下自己的毛病。可就是因为老师的这句话，在接下来的好几天时间里她都饭也吃不香，觉也睡不好。

后来，她告诉爸爸说自己不想再去学校了。面对女儿的这种情况，不能够容忍别人，寒寒的爸爸决定想办法改变寒寒的小气心理，于是给寒寒读了一则《马鹿争食》的寓言故事：

在一片草地上，青草茂盛，溪水清澈，一只马在那里自由自在地生活着。这里的水草是如此充足，它每天都能美美地享用，再也不会为饿肚子而发愁了。可是不久之后，又一只鹿无意中也来到了这片草地上，见这里水草丰盛，于是就留了下来。

本来这片草地上的水草足够马和鹿享用了，如果它们能好好相处下去，生活还将像以前一样美好。可惜马并不这么想，它认为这只鹿的到来危害到了自己的利益，搅乱了自己的生活，因此它开始焦虑不安，觉得如果不把这只鹿赶走，自己将永无宁日。于是在一天清晨，这片草地上就爆发了一场马鹿之间的战争。最后，鹿靠着自己一对锐利的角打败了马，把它赶出了这片草地。

落荒而逃的马很不甘心，可自己又确实打不过鹿，决定去请人来帮忙。可人并不愿无偿地帮助它，提出一个条件，那就是人要骑在马的身上，并给它戴上辔头。

人骑着马，赶走了鹿，可马因此也被拴在槽头，失去了自由，再不能过以前那样无忧无虑的生活了。

听完这个故事，寒寒脸红了，原来同学们不喜欢她，她自己觉得没有容身之处，全都是因为自己先不能容忍别人所致。

从那以后，寒寒开始虚心接纳别人，同学们也喜欢上了寒寒。

什么是狭隘心理

在当今社会里，因为孩子在家庭里都是独生子女，从小备受爷爷奶奶、姥姥姥爷、爸爸妈妈的宠爱，很容易便养成了心胸狭窄的毛病，变得自私自利，容不下别人。

儿童心理学家就曾指出：孩子性格的养成，很大一部分是受到爸爸的教育和生活环境的影响。如果一个孩子生长在家庭溺爱的环境下，有东西不懂得与人分享，缺乏与同龄孩子的交往和接触，就会因此养成自私自利、斤斤计较、目中无人的狭隘性格。

如何让孩子大度起来

1. 让孩子学会发现别人的闪光点

唐代大诗人李白说：“天生我才必有用。”对于我们每个人来说，每个孩子绝不可能一文不值，每个孩子都有他的长处，哪怕是一个傻瓜，只要用心发现，就一定能找到真正属于他的那片用武之地。

爸爸在生活中需要做些什么？需要对孩子进行一种深层次的挖掘，要善于培养孩子去发现别人的长处和闪光点，平时把握住生活的每一个细节，瞪大眼睛去发现生活中的细节。善于绘画的人说不定会成为未来的艺术工作者，甚至是有名的画家；善于唱歌的人说不定将来会成为一位音乐工作者，甚至是著名的歌星……让孩子懂得去虚心地接受别人。

2. 让孩子学会尊重

作家毛姆曾说："自尊心是一种美德，是促使一个人不断向上发展的一种源动力。"而孩子之间是否懂得给予对方恰当的"尊重"，可以说是当今孩子相处之道中能否达到和谐的一块垫脚石。

在现代的家庭中，作为爸爸，一定要先学会如何不伤孩子的面子，这是给孩子树立的一种榜样，让他懂得去尊重别人。

【好爸爸成长物语】

为了孩子能得到良好且健康的发展，一方面爸爸要尽早纠正孩子的一些"小气"行为，例如告诉他食物要分给别人一起吃，学习用具和玩具如果小伙伴借去用也应该答应。另一方面爸爸也要给孩子做出榜样，以自己的言传身教影响孩子，比如生活中和邻居融洽相处，乐意把东西借给对方。孩子有模仿的天性，而爸爸的行为在孩子的一生中，影响是最直接和长久的。因此给孩子树立一个良好的慷慨的榜样，孩子就会在潜移默化中养成豁达的性格。

写给爸爸的悄悄话

不要让孩子产生偏见的心态

在家时天宇显得特别的调皮，他总是不能叫爸爸省心，外面一有孩子的哭声爸爸就得赶快跑出去，看是不是天宇又和孩子打架了。

在小学的时候，天宇的个头儿特别得小，在四合院里的孩子都欺负天宇。可是后来天宇长得特别得快，人家都说天宇跟吃了催化剂似的，几年之后天宇就长成大个子了，但他又老去欺负院里人。天宇胳膊腿因为捣蛋都骨折过，到了小学六年级时，天宇又迷上了上网，天天都是到了天黑才能见到他回家。

可在学校的天宇又是一个安分的孩子，因为自己在家时老是惹祸，在学校老师就把他看得很严。当然，他知道老师也不喜欢他，在老师的眼里，他是班里最坏的孩子，因为老师总是赞扬听话的孩子。他感到其他同学都比自己强，自己在这个班里与其他同学相比，他没有任何优势可言——他的自卑是老师的偏见造成的。

当然，小学升初中的成绩也是一塌糊涂。

不难看出，天宇是这样的一个孩子：

调皮不听话，常常还和人去打架，成绩也不好，由于迷恋网络也会整天不见踪影——他还是一个自卑的孩子。

天宇的爸爸经过充分的分析，得出结论：天宇的心里产生了一种偏见，认为他是个不可救药的孩子，老师和同学们都不喜欢他。

天宇爸爸知道，对待有偏见心理的儿子，应适当降低对儿子的要求。先让天宇学会自我肯定，帮助孩子从自己的学习中获得满足和动力。让天宇懂得：做该做的事，并且把它做好，这本身就是成功，也是对自己最好的肯定。一天，天宇画了一只鸭，爸爸不会挑剔这里不好、那里不像，而是对天宇的每一成功之处都予以发现，并做出由衷的赞赏："看，那鸭尾巴画的真好呀！"

或者幽默地说："你为鸭涂的颜色真漂亮！我敢说这可是世界上最秀气的一只鸭子了！"

爸爸每次对孩子的赞赏完全是诚恳的，丝毫没有应付的意思，这样天宇开始好好学了。天宇的学习也真是刻苦，每天晚上大概都是 10 点半左右才睡觉，而在小学时天宇 8 点就钻进被窝了。

不久，天宇的成绩提了上来。到初中的第一学期末，虽然不过是班里中上游水平，但他的爸爸已经挺满意天宇的成绩了，因为从小天宇就不是那种能安下心来学习的人。到了初二，爸爸觉得天宇真正对学习开始开窍，因为成绩开始大幅度上升，天宇还对物理特别感兴趣，竟然还在家里做起了小实验。没过多久天宇的成绩已经在学校名列前茅了。

什么是偏见心理

偏差心理是孩子在成长过程中，由于心理发育不成熟，不能对自己和别人进行正确地判断，从而对自己过分看低或者误认为别人看轻自己，进行自我否定的一种心理。孩子的偏差心理会影响孩子的正常生活和学习，需要爸爸给予关注，帮助孩子解除心理上的偏差。

如何消除孩子的偏见心理

1. 让孩子看到自己的优势

很多孩子产生了偏差，是因为没有看到自己的优势，从而觉得自己一无是处，进而自暴自弃。爸爸要让孩子看到自己优势，找到自己的闪光之处，让孩子变得自信起来，实现对自我的肯定。

2. 多给自己的孩子肯定的目光

爸爸往往是孩子的榜样，爸爸的看法和行为举止，对孩子的来说，非常重要，甚至对有些孩子来说，爸爸的言行是他判断好坏的标准。因此，爸爸要多给孩子鼓励，多给孩子肯定的目光，这会让孩子心里感到自信，朝着最好的方向去努力，从而避免了心理落差造成的偏见心态。

【好爸爸成长物语】

孩子在成长的过程中，如果有了偏差心理，就会丧失做事的意志力，做事就常会半途而废，半途而废就意味着放弃，放弃就意味着失败，失败就会进一步加剧孩子的偏差心理。所以巴尔扎克说："偏差，对于天才是一块垫脚石，对于强者是一笔财富，对于弱者是一个万丈深渊。"因此，爸爸要告诉孩子：一个人在生活中每天都要克服困难，无能的人绕着困难走，优秀的人迎着困难行，不能被周围人的目光所左右，也不能因为一件事情做不好，而进行对自我的全盘否定。

第五章

爸爸如何让孩子有个好习惯

克服拖沓的习惯

东东上小学四年级，可是他做什么事都是不紧不慢的，你不催他就不着急，在这种状况下，他的爸爸就给他立下一个规矩：家庭作业没在规定的时间内做完，就不许看电视、不许上网；帮爸爸买东西超过了时间，爸爸就会罚他多做一些家务……一开始孩子总是得不到爸爸要求的标准，屡屡犯规，爸爸也不客气，拒绝他看电视或上网。

一天早上，爸爸告诉东东快点儿起床，因为爸爸的车正在修理，可能不能送他到学校上学了，迟到了老师要批评的。但东东似乎习惯了，没事儿似的说：爸爸一会儿就能修好车，来得及。但等东东起床洗漱完毕，车子却还没修好。

这下孩子急了起来，动作立刻快了几倍……

从那以后，爸爸告诉东东，车子早晨可能会坏，要东东起床快一些。有时，爸爸见东东起床拖沓了，甚至有意说车子坏了，以此给东东一点儿教训。

通过爸爸在一年的时间里对他的关注和督促，东东做事基本都能按时按质地完成了。

什么是拖沓心理

所谓拖沓就是形容一个孩子做事缓慢、不痛快，时间观念差、经常拖后期限的一种心理现象。孩子的拖沓其实是一种行为懒惰的表现，因为他在心理上不愿意把事情快速做好，所以导致了行动上的迟缓。所以，爸爸要关注孩子这个时期的心理特点，让孩子做事有效率，改掉拖沓的坏毛病。

如何让孩子不再拖沓

1. 给孩子一个时间限制

孩子办事磨磨蹭蹭，说明他缺乏时间观念，要使孩子办事利索，在他办事的时候，就要让他感到时间的紧迫感，对孩子进行一定的时间限制，多让孩子在规定的时间内完成要做的事，如果孩子完不成，爸爸就要让孩子承担责任。这样，孩子在做事的时候，首先就会想到在何时定要完成任务，然后就会争分夺秒去做事。

2. 让孩子快速完成一些小事

有一个孩子做事情拖沓、磨蹭，爸爸为了帮助孩子改正这个毛病，爸爸就给孩子安排一些小事做，像洗菜、洗茶杯什么的，让他在最短的时间完成，这样来锻炼孩子的做事速度。

3. 给孩子布置一定的任务

在日常生活中，凡是孩子力所能及的事，爸爸都要让孩子自己动手，像扫地、叠被子、洗碗等家务事让孩子做一些以外，家里的大事情也要让孩子参与进来，根据孩子的能力的大小，对孩子提出不同的要求。在交给孩子任务以后，爸爸要督促孩子按时按量按质完成，这样让孩子养成习惯。

【好爸爸成长物语】

效率是在竞争中决定胜负的关键，一个优秀的孩子，他往往有着很高的办事效率。一个办事拖沓的人，他就不能做自己时间的主人，工作效率低下，更使得自己的计划、理想在拖沓中落空。孩子正是学习和培养好习惯的黄金时期，因此，爸爸在培养孩子时，要让孩子克服办事拖沓的习惯。

有的孩子做事情拖沓或者磨蹭，有自身的原因，也有外来因素的影响。比如孩子贪玩、受到不应有的干扰、因问题难以解决而犯愁犹豫，这都可能造成孩子拖沓、磨蹭的习惯。爸爸要花心思帮助孩子找出原因，对症下药，这才能让孩子改掉做事拖沓的习惯。

写给爸爸的悄悄话

遏制孩子乱花钱要讲方法

小凯今年已经是上高二了，家境很好，学习成绩也不错。他平时穿、戴、用一直都是最时尚的，追星也是很疯狂的，因此，小凯在这方面花了不少冤枉钱。而爸爸看到小凯已经长大了，却没有一点儿节俭之心，于是决定教育孩子，虽然家庭富裕，但是也不能养成孩子乱花钱的毛病，像“你该如何如何”这样的话是闭口不提，更不用说他们会说带有评判性质的言语了。他们的做法是这样的：

在一个周五，爸爸说为使家里的生活过的更前卫，周六家里要开一个“时尚大比拼”活动，参加者小凯和爸爸。题目是“我的时尚历程和谈谈时尚给了我什么”，要求参赛者用近三年所买的实物表现他的时尚历程，并要说出时尚给自己带来的感触。优胜者可以获得家庭给他提供的500元时尚基金，以此来鼓励他的时尚生活。

在周六，家中父子两人忙活开来，小凯参加的热情很高，把自己的东西一一摆开：有上百件并没有穿过多久的名牌衣服、NICK鞋帽，苹果电脑……可以说，在孩子的每一件物品中都能看到当时的流行时尚。

爸爸把他的东西也一一摆开了。

展示是从小凯开始的，小凯很兴奋，一一列举着在当时时尚的大潮中具有代表性的东西，可以看出，他的每件东西都是在追随着潮流。当小凯兴奋地评点时，有一个苹果6手机，当时是花了7000元，可一年不到，新一代的手机出来，小凯买了最新的苹果7。这时，爸爸这样说：

“你看你的苹果6，这么贵，你看太不值了吧！”

“买了才用一年，你现在买了7，这太亏了！”

“你不感到这是在糟蹋钱吗？”

……

"这个苹果手机，是我当时用三个月的奖金给你买的。"

当小凯在评价每一件东西时，听着爸爸的话，小凯看到自己的东西仅仅是为时尚而已，很多都没有太大的用处，慢慢地感到自己的时尚是建立在爸爸的艰辛上。

这时，轮到他的爸爸开始评述自己的物品了。爸爸各自的东西不是很多，在爸爸的介绍中，可以看出他们买这些东西的时候，并不是仅仅看重它的流行程度，而是他的实用性。他的爸爸指着他们的物品作着不同的评价：

"这件衣服当时很流行，现在穿起来也还是好看的。"

"这件衣服我一直穿了两年。"

"这双鞋是和你那双一道买的，我的是120元，你买的那双是700元吧！"

……

介绍完了各自的东西，该谈感想的时候了。小凯说不出自己的有什么感想了，因为他感到自己的时尚建立在爸爸的节约上。

从这以后，小凯学会节俭了，不是看到什么就买什么了，懂得如何最大化地权衡商品的最大使用价值。

什么是节俭

节俭就是节约、简朴。现在家庭的大部分孩子，在家庭的娇生惯养下，逐渐失去了勤俭节约的心理，养成了大手大脚花钱，追逐时尚潮流，对金钱产生了一种盲目的崇拜感。而针对孩子的这种心理，爸爸要想办法及时地给予更正，即便是家庭富裕的孩子，这颗节俭之心也不能丢。

如何让孩子节俭

1. 给孩子一定额度的零花钱

孩子之所以养成了大手大脚花钱的习惯，是因为大多数家庭对于孩子的零花钱没有节制，孩子要钱就给，导致了孩子花完了就向爸爸伸手去要。所以，爸爸要想让孩子养成节约的习惯，就应该从源头上控制，给孩子一定额度的零花钱，这样孩子在花钱的时候，自然会有一定的限制，不会大手大脚，想怎么

花就怎么花了。

2. 让孩子制订一个花钱计划

孩子之所以铺张消费，那是因为孩子没有一个合理的计划，导致了孩子在使用钱的时候，没有进行合理的分配，把钱花在了不该花的地方。有了一个合理的计划，孩子会知道哪些东西是必需品，当孩子买完这些必需品，口袋里又没钱的时候，那么他觉得那些不重要的东西可以暂时不买了，这样就不会再向爸爸伸手要钱了。

3. 让孩子做一个记账本

让孩子做一个记账本，把每个月的消费明细都记录下来，这样定期让孩子回顾每个月的消费情况，通过消费的对比，让孩子认识到自己是不是超支了，是不是消费的额度太大，这样在下个月的时候，孩子就会节省，从而达到节俭的目的。

【好爸爸成长物语】

随着生活水平的提高，孩子口袋里的钱多了起来，孩子乱花钱的现象越来越严重。家里有钱的孩子是任意地花，家里条件一般的孩子攀比着花钱。孩子的这些不良行为，不仅仅给家里带来经济负担，更让孩子养成了不知节俭的生活习惯，因此，爸爸要用一些恰当的方法来让孩子克服自己的坏毛病。不同的孩子，不同的家境，爸爸可以采取不同的教育办法，引导孩子正确使用金钱。

养成储蓄的习惯

在美国的芝加哥有一个年轻人，叫巴菲特。在一家跨国公司工作的他虽然一直拿着高薪，可是银行账户里一分钱也没有。并不是他不想储蓄，相反，他一直希望自己的银行户头上能有存款，即便是几十块钱也不错，只是每当月底的时候，口袋里总是空空如也，那些钱如同插上翅膀似的，都不知道飞到哪里去了。

一次，他的一位朋友因为遇到了困难，来向他寻求帮助，可是他实在拿不出钱来。当朋友失望地离去之后，他坐在沙发上开始仔细计算自己的钱都怎么花掉了。最后他发现，原来自己正常的必要开支还不到薪水的1/4，而剩下的钱却都花在了吃喝玩乐上。他暗自决定，以后一发工资就把工资的一半存到银行的户头里面，再也不能抱着攒一大笔钱再储蓄的想法了。一段时间之后，巴菲特惊喜地发现，只要有储蓄的行动，积攒下一笔钱原来是一件很容易的事情。年底的时候，他在银行里就已经有了一笔相当可观的存款，同时也并没有觉得因此而失去了任何快乐。从此他逐渐改掉了过去自由散漫、大手大脚的毛病，变得更加自重，还利用闲暇时间养成了阅读和自学的好习惯。

什么是储蓄心理

储蓄心理就是一种喜欢把东西存储起来的欲望，它是一种收藏心理的体现。

孩子大多数没有存储心理，所以爸爸要培养孩子从小具有存储意识，养成储蓄的好习惯。

如何让孩子学会储蓄

1. 储蓄优先

我们都会有这样的经历和体验，就是如果在有钱的时候把储蓄这件事延后再做的时候，一般都会发现，我们的口袋里早已经空空如也了。所以储蓄的当务之急就是，只要有钱就把它放到银行去。为了培养孩子储蓄的良好习惯，爸爸应该帮助孩子在做其他事之前先把钱存起来。

2. 设定目标的期限

假如孩子有强烈的买某一玩具的欲望，如变形金刚、飞机模型等，爸爸应该建议他先找一张这个玩具的图片，在上面写上希望购买的日期，然后把它挂在自己房间里醒目的地方，好让他天天能看到，不至于遗忘。另外，还要帮助孩子规划好在这段时间里，每天应该节省多少零用钱，如果这样并不能攒够钱的话，可以让他适当干些家务来挣钱。在这里爸爸需要注意的是，干家务给孩子钱，只是在这个阶段里为了帮助他才这样做的，除此之外干家务他是不会得到钱的。

3. 同孩子总结存钱的技巧

名义上是同孩子一起总结存钱的技巧，实际上是通过旁敲侧击的方法，让孩子明白如何才能把钱节省下来存到银行去。这些技巧包括：每周存下一部分的零用钱；将所有在节日时收到的礼金都存起来；少花点儿钱在自己身上多做些额外的家事；在有时间把钱花掉之前先存起来；尽量少放钱在口袋里。

4. “存款”要合理使用

为了让孩子能合理使用自己银行里的“存款”，可以让他制订出一个计划，计划里那些必要的、急需的东西应当优先考虑。此时，爸爸的监督是丝毫也不能松懈的。随着孩子年龄不断增长，可以让他有一些自己支配的零钱，爸爸只需要给出必要的指导就可以了。

【好爸爸成长物语】

美国著名的教育专家戈弗雷认为，一个从小就没有“储蓄罐”的孩子是不健全的孩子，为此他在《钱不是长在树上的》一书中说道：“孩子们可以把自己的零花钱放在 3 个罐子里，第一个罐子里的钱用于日常开销，购买在超级市场和商店里看到的‘必需品’；第二个罐子里的钱用于短期储蓄，为购买‘芭比娃娃’等较贵重物品积攒资金；第三个罐子里的钱则长期存在银行里。”

使孩子学会科学的理财方法，是每一位爸爸义不容辞的责任，因此不应该只是让孩子对钱有所了解和认识，还应该让孩子到生活中去培养、训练自己的理财能力，其中最有效的方法之一就是让孩子养成储蓄的好习惯。

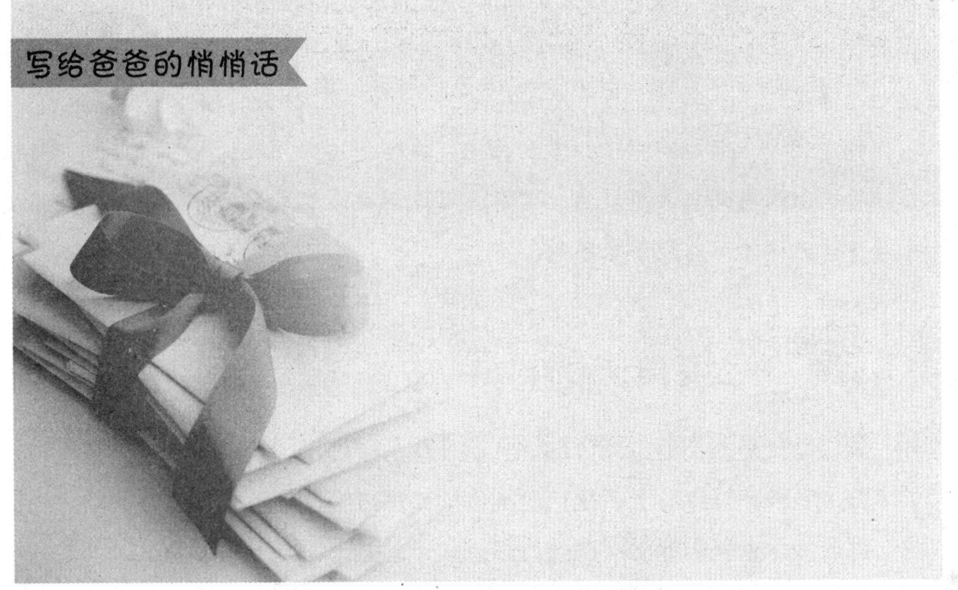

培养孩子阅读的习惯

老张的儿子顺顺还在读小学，平时不爱学习，也不怎么爱读书，最近迷恋起了下象棋，非缠着老张要学下象棋。当顺顺看到棋盘的中间写着“楚河汉界”时，顺顺不明白为什么，非要老张先解释一下为什么棋盘中间会有“楚河汉界”四个字。

老张听了儿子的问题，忽然想到一个好办法，于是回答说：“儿子，我也不知道，不过你可以从书本上查出来，当你查出来的时候，告诉爸爸到底是为什么写这四个字，我再陪你下棋。”

无奈之下，顺顺只好去在课本里寻找答案，他翻了一些历史书籍，终于找到了答案。原来“楚河汉界”是从历史上刘邦和项羽进行楚汉之争的历史中引出来的，刘邦的大将韩信在领兵打仗的时候，经常在战争的空隙通过象棋教授士兵如何排演阵形、阵法，所以后来就在象棋上留下了“楚河汉界”这四个字。

通过阅读，顺顺获得了很多的知识，当他把这一切告诉老张的时候，充满着一种前所未有的自豪感。从此以后，顺顺不再迷恋象棋了，而是迷上了历史书籍，每天津津有味地看个不停。

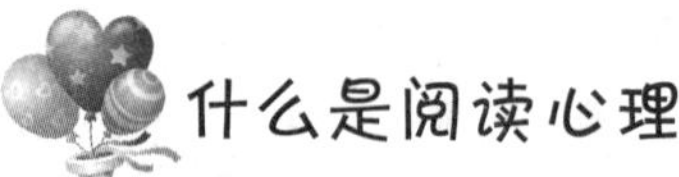

什么是阅读心理

阅读心理是人们通过阅读的方式，来获得某种求知欲望的心理。孩子最初的求知欲表现在好奇心上，他们对周围的许多事物感到新鲜，喜欢去看、去摆弄。此时如果爸爸引导得法，就可以把孩子的好奇心上升为求知欲，使他的学习兴趣油然而生，逐渐养成勤思考、肯动脑筋的好习惯。当然，孩子若要养成这种习惯，爸爸在里面所起的作用是决定性的。

一旦孩子对阅读产生兴趣，养成了阅读的习惯，便会一有时间就拿出书来津津有味地看，时间长了，读书就会像吃饭和睡觉一样成为生活中一部分内容，而书籍也会成为孩子最知心的朋友，这样一个好的习惯，将会伴随孩子的终生，使他受益无穷。

如何培养孩子阅读的习惯

1. 爸爸做孩子的榜样

由于孩子是最擅长模仿的，所以为了让孩子形成阅读的习惯，爸爸首先要爱看书。当孩子看到爸爸在津津有味地看书时，他也就会特想知道书中到底有什么吸引人的地方。如此一来，孩子的好奇心就被激发了出来，爸爸引导起来也就容易得多了。爸爸是孩子的第一任老师，爸爸的言传身教、行为举止对孩子能起到一种无形的示范作用，这种作用对孩子的影响是深远的。

2. 让孩子学会应用阅读知识

孩子对知识往往会表现出很大的随意性，今天可能对这个特别喜爱，明天却又对那个非常热衷，再过两天也许对什么都不再感兴趣了。所以，此时爸爸就应该让孩子体会到知识的作用，也就是使孩子的求知欲具有持续性。爸爸应该在掌握了孩子学过哪些知识之后，在与孩子的日常交流中，设法把这些知识运用进去。

3. 把阅读和玩有机地结合起来

孩子由于年纪还小，所以还不能领会到苦与乐的辩证关系，对于他来说，学习是件苦差事，而玩耍却是一件快乐的事情，所以就会本能地躲避学习，而乐于玩耍。这种情况在孩子身上有不同程度的体现，一般来说，年龄大些的孩子自制能力会强些，对爸爸严厉的要求或许能有所理解。年龄小的孩子，一旦爸爸要求严格，他就会对学习产生惧怕心理。对此，爸爸一方面可以在教孩子的过程中，适当地运用一些近似于游戏的方法。比如用一个字来和孩子比赛组词，或和孩子比赛背古诗；另一方面，爸爸也可以在孩子玩的时候，适当地引导他玩一些知识性的内容。比如，当孩子在屋子里无意义地乱跑、乱叫时，可以建议他们来个数数游戏、唱歌比赛等，孩子往往玩得很快乐，知识学得也会很快。

【好爸爸成长物语】

英国教育家洛克曾经说过：“一切教育都要归结于养成儿童良好的习惯。”相对于培养孩子的求知欲来说，首先第一步就是要让孩子养成阅读的习惯。我国自从实施素质教育以来，孩子的负担相对减轻了不少，课业并不是很多，完全有充裕的时间用来阅读。在教育中我们一致认为，孩子的心灵是一个空荡的容器，大人给什么他就装什么。给他可乐，他就会喜欢上碳酸饮料那充满气泡的轻快；给他果汁，他就会在缤纷的色彩里感受大自然的魅力；给他书籍，他就会插上求知的翅膀，穿越古今，遨游在知识的殿堂里。只是在这里需要强调的一点是，最初在培养孩子的阅读能力时，应该是一种养成性培养，爸爸不应该把着眼点放在他获得多少知识、认识多少字上面，而应该放在他是否养成了阅读的习惯。

写给爸爸的悄悄话

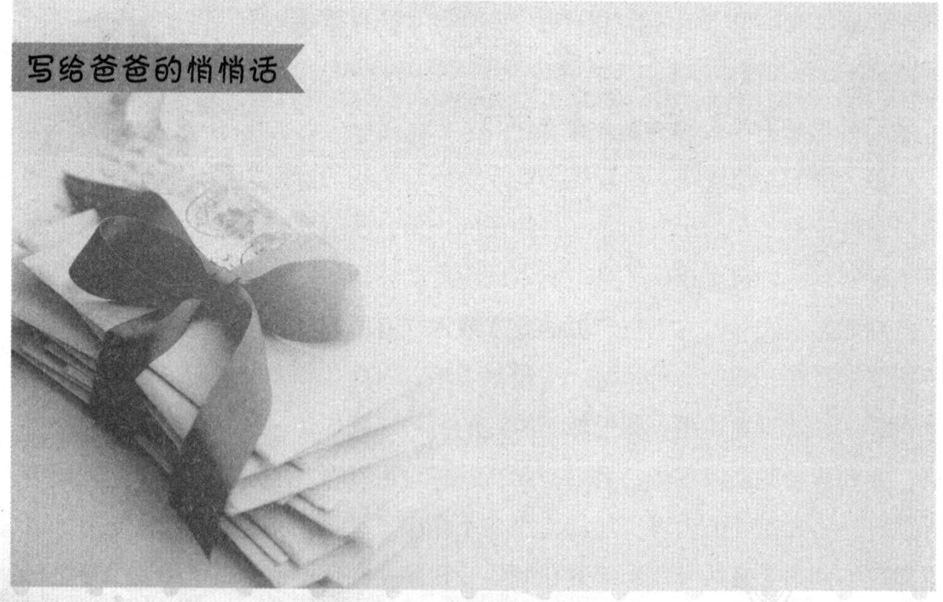

让孩子不再逃学

陈辉是一家私企的老板，他有一个儿子叫小明，正在读小学四年级。不知为什么，最近小明总是逃避去上学，为此找了各种各样的借口，有一次竟然一个人背着书包在大街上转了一整天，要不是班主任老师给家打来电话，陈辉还以为他在学校呢！他把小明叫到自己的面前，问他为什么不去上学？他嗫嚅了半天，说："不为什么，就是不想到学校去……"听完孩子的回答，陈辉知道儿子产生了厌学的情绪。

第二天一大早，陈辉带着儿子来到了学校，经过一番了解之后才发现，儿子在学校的情况很糟糕：在班里，不管是学习、值日还是参加别的活动，他总是慢慢吞吞的，而且还不时地闹出笑话，因此同学们经常取笑他。对于同学们这样的态度，他每次听后都不生气，只是把头一缩，一点儿不满的表示都没有。

慢慢地，班里就有一些孩子认为他好欺负，在其他同学面前不敢说的话、不敢做的事，到了小明身上就变得无所顾忌了，他因此成了班里的“受气包”。

时间一长，小明心里产生了厌学心理，对学习失去了动力，导致了他屡次逃课不去上学，养成了逃学的习惯。

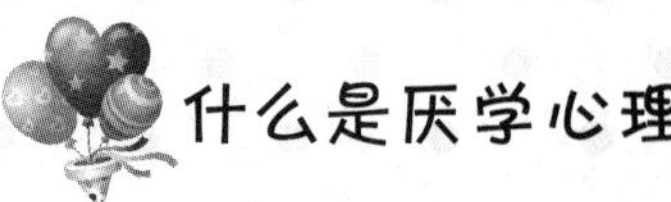

什么是厌学心理

厌学心理是指对学习不感兴趣，甚至进行心理排斥和抵触的心理。青春期的孩子往往比较贪玩，尤其是男孩子，一旦孩子产生了厌学心理，就会失去学习最基本的动力，爸爸要关注孩子的厌学心理，及时帮助孩子重新找到学习的乐趣。

如何改掉孩子厌学毛病

1. 爸爸对孩子的期望值不要太高

对孩子不能没有期望，这样会使孩子不思进取，或者一遇到困难就打退堂鼓，认为学习太苦而没有了兴趣和动力，随之便是厌学。但如果期望值太高了，孩子心理上所承受的压力就会大大加重，于是不自觉中便在学习与痛苦之间画上了等号。另外，爸爸的高期望很容易使孩子产生害怕失败的心理，从而导致学习力和上进心的丧失，产生厌学甚至弃学的念头。

2. 让孩子养成对学习的自觉性

这种情况的出现，一般是由于爸爸“陪读”造成的。孩子长时间在爸爸的监护下学习，就会缺乏学习的自主性，就不能够完全独立地去解决遇到的新问题，因此也体会不到解决问题后的那种满足与成功感。如此一来，在孩子的心目中就认为自己学习只是为了让爸爸满意，试想，在这样的心理下他又如何自觉地去学习呢?

3. 爸爸把孩子学习的目的定在了将来而不是现在

在很多的家庭中我们都能听到爸爸这样教育孩子：“你现在不好好学习，将来就不会找得到工作，连自己也养活不了。”殊不知，孩子虽然对未来的生活有一些憧憬，但肯定不会很具体，而且它又那么遥遥无期，想想都觉得没有

真实和生动性，又怎么会为此努力学习呢？任何遥远又不可及的想法，在实现的过程中都会让人产生迷茫的心理，而在迷茫的心态下，人是不会有任何作为的。另外，爸爸这样的定位，会使孩子不能体验到获取知识本身的快乐，却把注意力放在了别人对自己的评价上面。对知识本身没有学习的兴趣，自然便会把学习看作是一件苦差事。

【好爸爸成长物语】

寻找孩子厌学的原因，需要爸爸走进孩子心理的深处去体会、去理解，不能根据表面浮现出来的一些现象妄下结论，这样不但不能纠正孩子的厌学情绪，反而会收到与我们本身的出发点相反的效果。有时候，或许孩子厌学的原因相对于爸爸来说会显得很幼稚可笑，但这并不是爸爸忽视的理由。爸爸在解决问题的时候，应该多与孩子进行交流，争取能在情感上与孩子产生共鸣，这样有利于纠正孩子的错误想法，引导他走到热爱学习的道路上来。

写给爸爸的悄悄话

不要让孩子养成脆弱心理

十六岁的王明，是一个刚进高中的学生。这个孩子有个习惯，就是稍遇到一点儿困难就受不了，回家对爸爸哭丧着脸，抱怨这抱怨那。每天正常的生活自理都不会做，许多事情都由爸爸代劳完成；在学校受到一点儿委屈，就要求爸爸出面交涉。王明不仅对爸爸依赖性强，而且情感上也脆弱。

由于以前在家过于依赖爸爸，上高中时离家很远，学校是寄宿制的，这样王明的学校生活就显得很吃力，很多事情都是靠同学的帮忙，不然，他就不知道自己该怎么做。

由于王明需要同学的帮助，这样，同班的一个女孩李清就走进了王明的心。李清是个热心肠的女同学，常常帮着王明做一些事，比如说帮王明打水、买饭等。

这样，他们平静地过了一个学期。在高一下学期，青春期特有的情感开始在王明心中骚动。他把在家对爸爸的依赖全都嫁接到李清身上。由于常得到帮助，王明觉得李清很能干，对身边的其他同学开始不屑一顾，认为他们太差，

李清正好是他眼中完美无缺的女神形象。这样，王明越来越崇拜李清、迷恋李清了。王明常以各种借口去接近李清，哪怕只是一小会儿，心中也会感到莫大的安慰——王明坠入“情网”了。

王明成绩本来还不错，坠入“爱河”以后，他在心里就不再把学习当作是第一位的了，成绩下降得厉害。

后来班主任老师找来了王明的爸爸，告诉他应该重视孩子成长中的依赖心理，不能事事依赖别人。听了班主任的话，王明的爸爸才意识到了孩子的确太过依赖了，都是由于自己太溺爱孩子的缘故。想到这，王明的爸爸感到后悔不已。

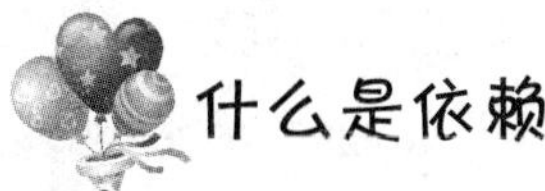

什么是依赖

依赖心理是指一种从心里过度依靠别人的心理，认为自己没有能力完成自己想做的事情，需要别人的帮助。孩子的成长往往受到家庭的溺爱，缺乏了独立自我能力的培养，过着衣来伸手饭来张口的日子，从小养成了依赖之心。爸爸要关注孩子成长中的这一心理特点，避免孩子过度依赖别人，帮助孩子做好自己的事情。

如何让孩子不过分依赖

1. 要教育孩子自己的事情自己解决

告诉孩子：哪怕你完成得没有别人好，那终归也是你自己的劳动成果。只有一次一次的不好，才能换来以后的完善。如果孩子总是习惯依赖别人，那么他的一生将始终依靠他人。爸爸一定要从小就开始鼓励孩子独自去完成一些事情，以培养孩子的独立能力和对事情判断的能力。孩子们应该成长为一棵大树，而不是一根禁不起风吹雨打的小草。

2. 不要过分溺爱孩子

孩子对爸爸的依赖，往往是因为爸爸对孩子溺爱的结果。比如，所有的人都认为这一代的孩子和上一代相比，不仅经济条件宽裕许多，而且每一个孩子得到了爸爸“无微不至”的照顾。正因为如此，很多孩子长大后仍无法自理生活上的事，小到吃饭穿衣，大至社交活动。孩子什么事都依赖爸爸包办，这就严重影响了孩子独立人格的发展。所以，爸爸不可过度溺爱孩子，否则要为自己孩子的依赖性付出代价。

【好爸爸成长物语】

当孩子跨进青春期开始，并具备一定的独立意识的时候，脆弱的心理极会依赖一些东西。这包括情感上和一些情感以外的事和物。因为他这个时候的独立意识是不成熟的意识，这种意识加强着孩子的依赖性。于是，孩子表现为离不开爸爸、沉溺于网吧、拉朋结党……这是孩子在成长的过程中必然要经历的阶段，如果爸爸处理不好，对孩子的成长就会很不利。因为孩子的任何一种依赖，也就意味着放弃对自我的主宰，这样往往不能使孩子形成自己独立的人格，也不利于爸爸培养孩子控制自己的能力。如此孩子遇到一些事就容易失去自我，遇到问题时，自己不积极动脑筋，往往人云亦云，很容易产生从众心理。

写给爸爸的悄悄话

不要让孩子过分爱打扮

浩浩今年 14 岁，刚进入初中，长得浓眉大眼，很帅气。然而，浩浩自从进入青春期后，养成了一个不好的习惯，平时喜欢打扮自己，还经常爱照镜子，他穿漂亮衣服的那一天心情是高兴的，哪一天要是穿的衣服他以为不太好，他就会很沮丧。每天他会早早地起床，花上很长时间打扮自己。在他的书包里，装着一面小镜子，一有时间他就会拿出镜子端详自己。这对于一个青春期的女孩子来说，也算是一件很正常的事情，可是浩浩是一个男孩子，平时太注重自己的外表。

学校老师也反映，浩浩常把心思放在自己的打扮上，有时上课也不例外。爸爸看到他打扮，有时只说一二句把“心思放在学习上”之类的话，但总不见效果。就要快考高中了，浩浩的这个样子，老师和爸爸看在眼里，急在心里。当然对于浩浩的爱打扮，爸爸简单地说教，对于一个正值青春期萌动的男孩子来说显然是无济于事的，因为爱美也是男孩的天性。

爸爸决定帮助儿子改掉这个坏习惯，于是经常在他耳边这样说：

“今年邻居王阿姨都说隔壁文文穿得好，今天遇见他，看他穿得还真是不错！”

“李爷爷也说，男孩穿得简单朴素，看起来就很精神。”

这是一个正面的例子，爸爸给浩浩的这个信息所带来的结果是：浩浩去观察文文，把自己与文文对比。通过类似这样的方式，让浩浩意识到了自己不应该过分地注重自己打扮，慢慢地把更多的精力放在了学习上。

什么是爱美心理

爱美心理是指人们为了获得自己在感官上的美好视觉感受，进行必要的化妆、装扮的手段，从而感受美感的心理。青春期的孩子，受到体内荷尔蒙激素的作用，会对自己的外观逐渐重视起来。必要的装扮和爱美，是孩子青春期发育的正常反应，但是过度的爱美则影响孩子正常的生活、学习，会吸引孩子大部分的注意力，耗费孩子大部分的精力，影响孩子的健康正常。爸爸应该关注孩子的青春期爱美心理，不要让孩子过度装扮成为习惯。

如何让儿子不再爱打扮

1. 什么是得体的衣装

在对孩子教育的过程中，尽量不要与他因打扮而造成的后果相联系或少联系。也就是说，不要用孩子的缺失的部分来说教孩子，让孩子知道什么是得体的衣装，才是最美的。

2. 让孩子不要追求虚荣心

在一些孩子当中，过于爱打扮是虚荣的一种常见的表现形式。在生活过程中，不难看到一些孩子在极力地打扮自己，就是孩子的家庭经济不允许，他也会把自己打扮得很好，并且他的打扮与自己的表现欲是连在一起的，有时就连穿一件新衣服，他也会招摇过市，以此在众人面前炫耀一番。爸爸应该让孩子不要因虚荣心而爱美装扮。

3. 采用注意转移法

爸爸要改变孩子爱打扮的现象，主要是采用注意转移法，想办法把孩子对

衣着美的理解转移到正确的轨道上来。爸爸要有意培养孩子在其他方面的兴趣，淡化对穿衣打扮方面的注意，久而久之就会有效果。要针对孩子的接受能力，对孩子进行正确的审美观的教育。还要通过观察分析，了解孩子的爱打扮是来自环境中的哪一方面的影响，尽量消除这一影响因素。

【好爸爸成长物语】

孩子把衣服穿整洁一点儿，头发干净一点儿，尽管这些方面会花去孩子很多时间，但不能说这就是一种虚荣，即使这种整理有虚荣的成分，因为它不会影响孩子的身心，只要爸爸指导孩子如何去提高做事的效率就行了。孩子在爸爸的催促和指导中，会逐渐淡化对美的过分追求，爸爸在指导的过程中，对孩子再加一两句对美的正确评价，这就在潜移默化中教着孩子树立正确的审美观。这就是正确的教育方式，效果也很好。

写给爸爸的悄悄话

不要让孩子养成爱面子的习惯

一位爸爸带十岁的儿子散步，在附近的集市上有一个牛肉面的小摊子。爸爸和儿子都停下来围观。只见卖面的小贩将十几个碗一字排到桌子上，放酱油、盐、味精等，随后他加牛肉汤，最后把面放进砂锅里，一个砂锅放一把面，仅在刹那之间就放满了十几个砂锅，小贩又以迅雷不及掩耳的速度，把砂锅依次放到炭火上。做好十几碗面的前后，竟没有用到5分钟，而且还一边煮一边与顾客聊着天。

爸爸和儿子看着小贩娴熟的技艺都有点儿呆了。

在他们从面摊离开的时候，儿子突然抬起头来说："爸爸，我猜如果你和卖面的比赛卖面，你一定输！"

对于儿子突如其来的谈话，爸爸莞尔一笑，并且立即坦然承认，自己一定输给那个卖面的。爸爸说："不只是会输，而且会输得很惨，我在这世界是会输给很多人的。"

这个爸爸的回答是恰当的，可能换成另一位爸爸会说："那不一定，我只要干个几年，我会跟他一样好。"爸爸的本意可能是告诉儿子，什么事情都是可以通过练习得来的，但他忽视了儿子问话的本来意图：爸爸和卖面的谁更强？爸爸这样回答，给儿子的信息是：爸爸比卖面的差，但爸爸不会勇敢地去承认的。这样，在儿子的心里，也就会在今后模仿大人，不愿去承认别人的优点。不去承认别人的优点的人，也就不会去承认自己的错误——这些正是孩子爱面子的开始。

但这一位爸爸还说了一句："不只会输，而且会输得很惨。我在这世界是会输给很多人的。"爸爸在儿子的面前是伟大的，爸爸能说"我在这世界是会输给很多人的"，对于儿子来说是爸爸告诉他：不如人很正常，不爱面子也不足为耻。

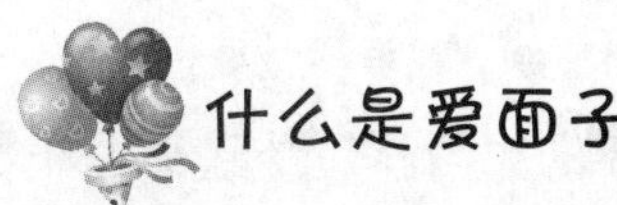

什么是爱面子

爱面子心理是指过分顾及自己的体面，生怕被人看不起，这是一种爱慕虚荣的心理表现。青春期的孩子，尤其是男孩子，喜欢要强，爱面子。然而，死爱面子的孩子往往好大喜功，在生活中总有莫名的优越感，他喜欢接受奉承，更喜欢去指挥别人。这些孩子在生活中总会死守面子，做事时一切以面子为重，这样爱面子的孩子在成才的道路上常带有很大的束缚。因此，爸爸要教育孩子，没有必要处处都要比过他人，因为每一个人都有自己的优势，要敢于承认自己的不足，要敢于对自己不会做的事、不能做的事说不，这样，就会使孩子健康快乐地成长。

如何让孩子不再死要面子

1. 做好孩子的榜样

要想培养孩子不好面子的心理，爸爸首先自己不能死要面子，在孩子面前树立一个不能死要面子的好的榜样。男孩子一般都以爸爸作为生活中学习的榜样，所以要想让孩子不爱面子，爸爸首先在孩子面前不要有爱面子的表现和举动。

2. 培养孩子一颗平常心

孩子之所以具有爱面子的心理，其中最主要的原因就是受到身边环境的影响，尤其受到盲目追求金钱、时尚等因素的影响。孩子在成长阶段，人生观和价值观都还未成熟，所以这个时候，培养孩子具有一颗平常心尤为重要，培养孩子看淡这一切所谓的面子问题，因为这个阶段的孩子只是为了面子而爱面子。

【好爸爸成长物语】

孩子喜欢爱面子，内心往往比较自大。爸爸要教会孩子放眼这个世界，不要以自我为中心，否则，孩子就会以为自己了不起。教会孩子用平静、坦诚的心去观察自己，会发现自我是多么得渺小。在生活中，不要被那些浮华的东西冲昏头脑，在小事上为面子与人攀比，最后输掉的只会是自己的人生。所以爸爸要带领孩子正确剖析自己，敢于承认自己的不足，放下不值钱的面子，这才是对孩子有效的引导。

写给爸爸的悄悄话

让孩子养成节俭的习惯

为了家庭生计，山姆·沃尔顿的爸爸每天忙里忙外。由于家境不好，在生活上，沃尔顿的爸爸非常节约，勤俭持家，并且敦促山姆也是如此，养成良好的节俭习惯。

由于从小受到爸爸耳濡目染的熏陶，山姆养成了许多良好的生活习惯，成为他后来经营沃尔玛制胜的法宝。

为了减轻母亲的负担，减少家庭的开支，山姆·沃尔顿在7岁的时候，便跑出去打零工。后来沃尔顿上了中学，在中学里，他勤工俭学，不多花每一分钱，也从不请客吃饭，他把节省下来的钱悄悄地存了起来。中学毕业后，他用积攒下来的钱，和爸爸一起开了一家杂货店。就这样，山姆和爸爸一边苦心经营着自己的杂货店，一边学习采购、定价、销售和财务等业务知识，开始了他的经商之路。

然而，在当时的美国零售业市场上，已经出现了一些颇具规模的零售公司，但这些零售公司通常把市场瞄向人流集中的大城市，很少涉足像山姆家乡这样的小镇。尽管这样给山姆的杂货店留下了生存的空间，但是由于地域的局限，杂货店的发展也遇到了很大的困难。可是，山姆相信只要自己慢慢经营，一点点壮大，总有一天会进军大城市。于是，在经营上，山姆特意制订了一份详细节省的计划，从采购原材料的价格的制定、运输路线的规划到销售成本的计算等，为了就是能够节省每一分钱，积累资本。

很快，山姆赚得了自己的第一桶金。并且在这个不起眼的小镇上开了第一家自己的连锁店。由于业务比原来增大一倍，那么要节俭的地方就更多了。于是，山姆更加精打细算，用自己最少的支出来换取最大的回报。不到一年的时间，山姆就完全占领了小镇的市场。

如何培养孩子节俭的习惯

1. 一分钱也要省

“即使是1美元也要赚，一分钱也要省。”这就是犹太人的挣钱之道，如今已经演化成一条商界普遍流行的黄金法则。同时，也是爸爸作为教育孩子节俭的办法，节俭要从很小的事情做起，从小养成“积少成多，以小博大”的意识。

2. 孩子学会精打细算

有这样一句谚语，说得非常好：“生意不嫌小，收入不嫌高。”再小的生意也可以做成大生意，关键看你怎么做。我们总是想着做一些大生意，可以让我们在短期内迅速致富。丢掉那些不切实际的幻想，赶紧做好你身边的小生意吧，你一样可以成为富翁。

【好爸爸成长物语】

现在的孩子由于家庭生活水平的提高，孩子往往在花钱上面没有节制，更不会有勤俭节约的心理，而这一点如果成为孩子青春期时期养成的一个不良习惯，那么今后会对孩子的一生产生巨大的影响，所以爸爸要注重在青春期时期，对孩子节俭思想的灌输和培养孩子的节俭意识，让他认识到一切优越的条件都是通过节俭积累起来的，不能任意挥霍。

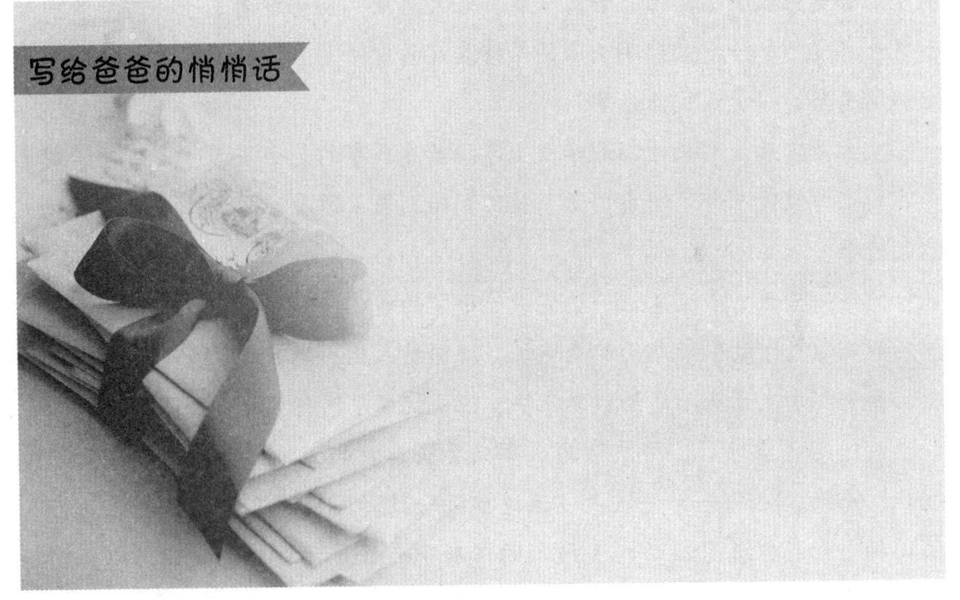

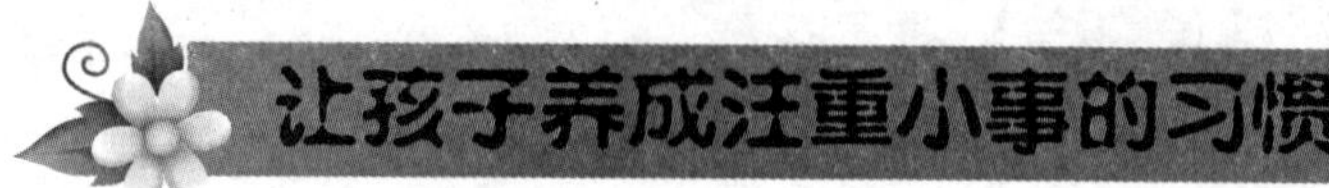

让孩子养成注重小事的习惯

1870年，阿马迪·阿庆出生在美国加州的一个移民家庭，阿庆12岁时，他和爸爸为了家庭生计，一起干水果和蔬菜批发的小买卖，但是爸爸并没有放弃对儿子的培养。他觉得任何小事都可以成就一个人，于是他在今后的生活中，注重对儿子做小事的培养。

阿庆被爸爸拉去一道卖菜，爸爸告诉他不要瞧不起一些小买卖，因为很多的生意都是由做小买卖而来的。于是，每天清晨，爸爸带着儿子一道赶着装满水果和蔬菜的车子，来到码头上，等待靠岸的货轮。当货轮靠岸的时候，码头上喧嚣嘈杂的叫卖声就开始了。

生意做完后，阿庆才回到学校上学。虽然从事的是小买卖，阿庆却学到了丰富的生意经，学会了叫卖用语、喊价和辨别果菜质量的方法，成了一个做生意的好手。

阿庆一边做着小生意，一边完成了小学的学业。毕业后，他被爸爸送进了一所职业学校，做了短期的职业培训。培训结束后，他回到了爸爸的果菜市场上，由于阿庆生意头脑灵活、算账快，很快就成了同行业里的佼佼者。

经过几年磨炼后，阿庆认为小事只要认真做起，照样可以从小买卖发现商机。一天，他向爸爸建议："通过最近一段时间观察，最近市场上柳橙和葡萄柚很畅销，并且我听说圣阿那的塔斯丁公司质量最好，我们可以批发一些来销售。"

爸爸听了阿庆的话，不敢想象："这绝不是一个好主意！因为从旧金山到圣阿那，路途太远，没有人会从这么远从那里批发到柳橙和葡萄柚。"但阿庆却不这样认为："由于圣阿那人口少，路途远，价格肯定很便宜，并且质量好，只要能运到这里来，售价会提高许多，就会赚到丰厚的一笔。"

于是，阿庆用马车从遥远的圣阿那拉来了柳橙和葡萄柚，果然由于物美价

廉，本就罕见的柳橙和葡萄柚被一抢而空，阿庆也一下子从中赚了第一桶金。

这次成功后，阿庆有了信心，决定把小生意做大，于是他亲自到菜农家里采购农作物，独自到农家，在农作物未采收之前就与农民订立收购合同。由于这种做法只需付一笔定金，并且价格便宜，省去了贩运商这一中间环节，农民也很高兴及时卖出自己的农作物。这是一个了不起的创举，尽管阿庆做得仍旧是小本生意，但是赚了很多利润。

什么是小事思维

小事思维就是在头脑中，具有看重小事情、小细节的心理意识。孩子在成长过程中，尤其在青春期，性格比较冲动，男孩子更加粗心，好高骛远，甚至空谈大的理想，这就需要爸爸关注孩子是否具有小事思维，踏踏实实从身边的小事情做起。

如何让孩子具有小事思维

1. 让孩子学会观察小事情

从心理学来说，良好的观察力是一个人智力高的重要体现，俄国生理学家巴甫洛夫经过多年对大脑条件反射研究得出一条行之有效的经验总结："观察，观察，再观察！"可见观察是一个人提高智商的方法，是打开知识宝库的金钥匙。因此，爸爸对孩子观察力的训练就显得十分重要。

很多天才在一些领域之所以能取得成就，很大程度上不是因为他们有多么聪明，而是他们比其他人更会观察生活的小事。

2. 比较小事情

在孩子做事的过程中，爸爸要适当地给他一些语言提示，引导孩子对事情学会比较。经过这种细致的比较，可以使孩子记住事物的特点和它们之间的差别。如让孩子在观察时学会比较，不仅可以提高孩子对事物观察的细致程度，还可以提高观察水平。

不仅要让孩子学会对不同的事物进行比较，还要让孩子学会对同一件事的前后做比较。有很多东西可能让孩子看几分钟就能弄清楚是怎么回事，有的东

西想要孩子全面地了解，就需要很长时间，比如蝌蚪变青蛙、蚕结茧变蛹成蛾的过程。

3. 在小事中养成思考习惯

思考是认识问题、解决问题的主要手段。一个孩子能不能学得很好，还要看他会不会使用自己的大脑进行思考。孩子在学习的过程中，有的好钻牛角尖，往往会使自己走进死胡同；有的面对稍难的一些问题，便不假思索，只求个“大概”“差不多”，这么粗心大意也会学不好。很多孩子看似头脑不太笨，但在学习中常遇到这些问题，其中的原因，就是他们在学习的过程中不会动脑筋。因此，爸爸要让孩子在小事中养成思考的习惯。

【好爸爸成长物语】

世界上许多惊世骇俗的发现，往往是在一些小细节中获得的。而很多天才，也正是把握住了这些细节，才使得他们成为一个天才。一般人看到澡盆里的水溢出，最多会说一句："水太多了。"而阿基米德却悟出浮力定律；一般人看见苹果砸在自己的头上，他们最多会骂上一句："太晦气了。"而牛顿却发现了万有引力；一般人看见雷鸣电闪，最多会以为那是上帝在发怒，而富兰克林却因此探得电的本质。因此，爸爸要让孩子成为一个天才，就要培养他们把握细节的能力。

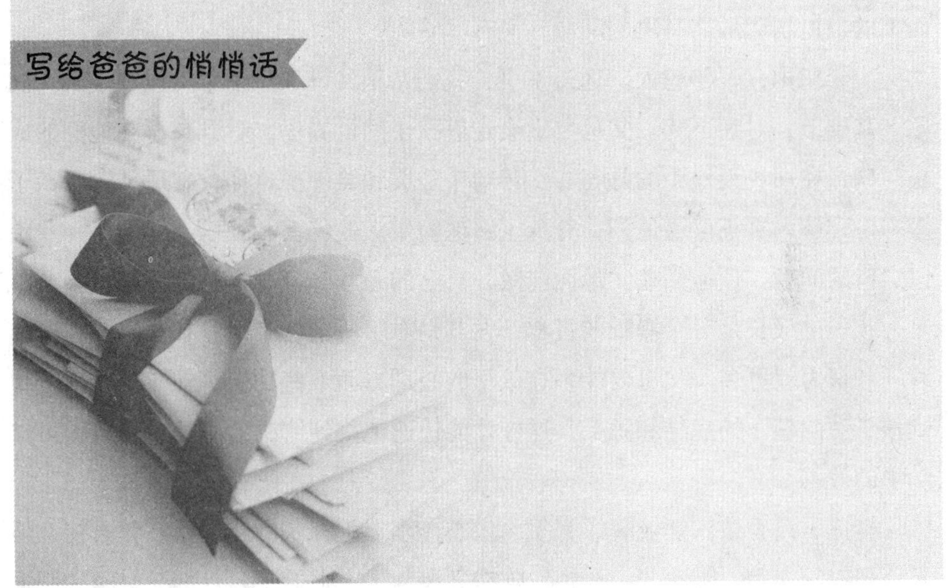

写在最后的话

孩子是一个家庭的未来，是爸爸妈妈最好的投资。如果一个家庭出现了一个生理缺陷或心理扭曲的孩子，那么将是爸爸妈妈一生最大的头疼问题。所以，爸爸妈妈一定要懂得这些道理。

这个世界并不缺少美，只是缺少发现美的眼睛。孩子的世界也同样缺少了发现问题的眼睛。当下，很多父母忽略了与孩子进行沟通，忽略了孩子成长过程中出现的一些问题，那么，好爸爸、好妈妈是如何与孩子沟通的呢？孩子们面临的最迫切和最需解决的问题，又有哪些呢？

十年树木，百年树人。通过本书，我们希望父母和孩子都可以在了解“问题”基础上，对症下药。父母要学会走进孩子的世界里，看到孩子在他们的成长时期，在那块天地中的好与坏、苦与乐、哭和笑……这样，父母就会对孩子多一份理解，真正读懂他们，充分了解他们生活的秘密和烦恼，甚至是一些难以启齿的问题，让他们在父母面前敞开自己的心扉，打开自己的心灵世界。

孩子的成长是一个漫长的过程，尤其是对于所谓的“问题孩子”，花费的时间和精力就更多。父母要能多在孩子的心理方面下些功夫，在孩子心理上找到孩子“问题”的症结和源头，这样才能快速地找到解决的办法，并取得事倍功半的效果。

樊捷、高秀荣、熊亚辉、张凯、朱杰、李瑞敏、张丽、周蕾、张君桂、潘超、郑娟、李璇、陈晓斐、杜梅、陈杰义参与了本书的编写。囿于时间和所学有限，编写过程中可能出现纰漏，敬请方家不吝赐教。

最后，祝愿所有的孩子们都健康幸福地成长！

杨先放

2016 年 11 月